ESSAI

SUR LES

ANCIENNES COUTUMES

DE TOULOUSE.

ℓ911

Messieurs,

J'ai entrepris un très long et très laborieux pèlerinage pour l'histoire du Droit français au moyen-âge.

Je recherche dans nos provinces les monuments féodaux et les *coutumiers* produits ou reçus par elles ; je veux les étudier sur place et déterminer leurs rapports avec les lieux et les temps qui les ont vus naître. Après avoir, dans une précédente publication, exposé l'ensemble des faits et des principes qui constituaient, en quelque sorte, le *droit commun* de la France féodale, je veux tâcher de caractériser les diversités du Droit, au sein de populations diverses d'origine, de sujétion, de mœurs, et présenter, pour la première fois, l'histoire juridique de la France féodale et coutumière, dans un certain ordre géographique, en rappelant les provinces, les monuments et les coutumes de la circonférence au centre du royaume.

ESSAI

SUR LES

ANCIENNES COUTUMES

DE TOULOUSE

PAR

M. F. LAFERRIÈRE

INSPECTEUR GÉNÉRAL DES FACULTÉS DE DROIT.

(Mémoire lu à l'Académie de Législation de Toulouse, en janvier 1855).

TOULOUSE

IMPRIMERIE DE BONNAL ET GIBRAC

RUE SAINT-ROME, 46.

1855.

Je commence mon exploration par les provinces de l'est et du sud-est : la Lorraine, l'Alsace, la Franche-Comté, le Dauphiné, la Provence, qui ont, plus ou moins, subi la suzeraineté de l'Empire Germanique, et l'influence légale du *Miroir de Souabe* ou du *Livre des fiefs* de Milan. — Puis, j'avance vers le Midi : j'interroge l'esprit des anciennes coutumes d'Aigues-Mortes, d'Alais, de Montpellier, de Toulouse, d'Albi, du Béarn qui nous présente ses *fors* si curieux. — Je descends vers le sud-ouest avec les coutumes de Moissac, de Martell, de la Réole, de Bordeaux. — Je suis appelé, par de grandes affinités d'institutions et de destinées politiques, de la Guienne vers la Bretagne ; et, de la Péninsule Armoricaine, je remonte vers le nord-ouest et le nord, c'est-à dire vers la Normandie, la Flandre, le Hainaut, l'Artois. Après avoir décrit, dans cette revue des Coutumes, le plus grand cercle géographique des provinces de France, je me rapproche du cœur du royaume par des cercles concentriques qui embrassent : — d'abord, la Picardie, le Vermandois, la Champagne, la Bourgogne, le Nivernais, le Berri ; — ensuite, l'Auvergne, le Limousin, l'Angoumois, la Saintonge, le Poitou; — puis, les Marches, l'Anjou, le Maine, la Touraine, l'Orléanais, et je suis ramené dès-lors au centre du domaine royal, à l'ÎLE-DE-FRANCE, qui a donné au royaume son impérissable nom.

Là, au siége de la royauté française, se trouvent réunis les monuments féodaux et coutumiers, où s'est vivement réfléchi ce que la féodalité politique et civile avait de plus général, de plus juridique, de plus civilisateur : le livre de la *Reine Blanche*, le Conseil de Pierre de Fontaines, l'ouvrage de Beaumanoir, le livre de justice et de plet, et ce monument célèbre, qui, recueil *privé* ou code *authentique*, a mérité le nom d'*Etablissements de Saint-Louis*, et répandu bien au-delà du territoire des prévôtés de Paris et d'Orléans l'influence salutaire de son autorité.

Et ainsi, Messieurs, dans son long pèlerinage de la circonférence au centre, l'histoire du Droit au moyen-âge aura pour terme et pour but glorieux les ÉTABLISSEMENTS DE SAINT-LOUIS et l'action civilisatrice de ce monument de la fin du XIIIᵉ siècle, que la critique moderne a disputé, comme œuvre législative, à la mémoire de Louis IX, et qui sera, je l'espère du moins, restitué dans sa partie essentielle et par des preuves irréfragables à son saint et immortel auteur.

Je vous demande, Messieurs, la permission de détacher de ce vaste ensemble, qui n'est pas encore achevé, un fragment relatif aux *anciennes coutumes de Toulouse*, que j'avais commencé, loin de vous, à étudier, et que j'ai l'avantage aujourd'hui d'étudier au milieu de vous. Ce n'est pas seulement un humble hommage, un faible tribut de confraternité que je veux vous offrir, en venant m'asseoir à votre foyer; c'est en même temps un appel à vos conseils, à vos observations critiques sur un travail où je traite de choses que tous, messieurs, vous savez mieux que moi. Si c'est un inconvénient grave pour le lecteur et pour les auditeurs, c'est un avantage en faveur du livre futur; et ma reconnaissance, qui est si grande pour l'extrême bienveillance dont l'Académie de Législation a précédemment honoré mes travaux, s'augmentera du service rendu à l'auteur qui, grâces à votre concours, aura la certitude de réfléchir dans son œuvre le véritable esprit des *anciennes coutumes* de votre pays.

Je divise ce travail en cinq paragraphes :

§ 1. Observations préliminaires sur l'esprit des Coutumes de Toulouse.
§ 2. Analyse et esprit des dispositions et des traditions d'origine romaine.
§ 3. Coutumes locales, contraires aux règles du Droit romain.
§ 4. Esprit du Droit féodal à Toulouse.
§ 5. Caractère municipal, féodal et civil des dispositions non approuvées par le Roi, en 1285.

§ 1.

Observations préliminaires sur l'esprit des coutumes de Toulouse (1).

Les anciennes Coutumes de Toulouse ont été présentées, en 1283,

(1) Voir D. Vaissette, *Histoire du Languedoc*, liv. XXVII, ch. 75, t. 6, p. 214 (édition Du Mège), additions et notes, p. 49 - 61, t. 1, p. 242.

D. Vaissette dit, tome 6, p. 214 : « qu'il a eu sous les yeux un manuscrit des Coutumes, écrit dans le temps, qui a appartenu à l'abbaye de Moissac ; qu'à la marge de ce manuscrit on voit un *commentaire sur les mêmes coutumes*, composé par un jurisconsulte anonyme et *fini* en l'an 1296. » Cet auteur, ajoute-t-il, rapporte tous les textes du Droit civil qui lui viennent dans l'esprit pour les conférer avec les Coutumes de Toulouse et en faire ressortir la conformité. » Mais D. Vaissette cite quelques exemples pour donner une idée de l'érudition très incomplète de l'auteur — (Mss. de *feu Me Foucaud*, cons. d'état, n° 115, bibl. roy.). Il serait à désirer qu'on pût retrouver le manuscrit.

Catel, *Mémoires*.

Du Mège, *Instit. Toulousaines*.

Archives municipales. On peut consulter l'*Ildefonsus*, petit registre in-4°, en parche-

au roi de France, Philippe-le-Hardi, qui ordonna une enquête pour en reconnaître l'antiquité et l'observation continue. Cette enquête s'est accomplie sous Philippe-le-Bel, son successeur, en 1285, à l'aide des témoignages les plus imposants et avec beaucoup de solennité. Le manuscrit, communiqué au roi, ou copié par ses ordres et formant un *rouleau*, fut collationné mot par mot, avec le texte contenu en un *vieux registre*; et la haute antiquité des coutumes alors en vigueur est expressément constatée par les procès-verbaux qui, sous la date des années 1283 et 1285, précèdent le texte des coutumes de Toulouse. Vingt articles furent *réservés* par le roi Philippe-le-Bel, sous la formule *non placet, vel deliberabimus.* Ils se trouvent consignés dans un registre déposé aux archives du Capitole, et transcrits d'un livre plus ancien, connu dans l'histoire des antiquités toulousaines, sous le nom d'*Album* ou de *Livre Blanc.* Ils ont été, du reste, imprimés par Casaveteri, dans l'édition des anciennes coutumes qu'il a données pour la première fois, en 1544, avec un commentaire. — Ces vingt articles non approuvés ne sont pas les moins curieux pour déterminer l'esprit des coutumes de Toulouse au moyen-âge. Ils n'ont pas attiré jusqu'à présent, comme ils le méritaient, l'attention des interprètes ou des historiens (1). Nous tâcherons, dans le cours de ce travail, de réparer cette omission.

Les anciennes coutumes avaient été déjà présentées au comte de Poitiers et de Toulouse, en 1251, et par lui confirmées; mais la confirmation authentique et certaine, qui a donné aux coutumes écrites

min, contenant la copie des anciennes Chartes, recueillies, du reste, par D. Vaissette, Catel, Lafaille (Annales), et par MM. Du Mège et d'Aldéguier, *Histoire de Toulouse*;

Le Livre Blanc, *Liber Albus* (peut-être ainsi nommé de l'ancien *Album* des préteurs et proconsuls romains, qui contenait des actes relatifs à la curie). — Il en existe une *copie* aux archives, l'original devait exister du temps de Casaveteri; dans l'édition de ses *coutumes*, 1544, et à la fin d'un *arrestum* célèbre, il transcrit la mention suivante :

« Regestratum est in Libro Albo statutorum Curiæ præsidialis domini Senescalli Tolosæ » post consuetudines Tolosanas confirmatas per christianissimum bonæ memoriæ domi- » num Philippum, regem Francorum, anno D. millesimo ducentesimo octuagesimo quinto. Et incipit in XIII linea decimi sexti folii dicti Libri Albi. »

(1) L'auteur des *Annales de Toulouse*, LAFAILLE, avoue même qu'il ne les a pas connus, et qu'il les a vainement cherchés. — M. MOLINIER, dans le rapport fait en 1853 sur le Mémoire de M. Astré, devant l'*Académie des Sciences, Inscriptions et Belles-Lettres de Toulouse*, s'étonne de cette ignorance, avouée par l'auteur des Annales qui n'avait qu'à compulser le *Livre Blanc*, qui existait de son temps au Capitole (1687), et dont la copie existe encore.

leur autorité définitive, est celle de Philippe-le-Bel, adressée, en 1285, à son amé et féal, l'abbé de Moissac, au Sénéchal de Toulouse, et à Étienne Motel, juge-mage du même sénéchal (1), à l'effet (dit la traduction du préambule), « de confirmer les coutumes dont ils ont fait usage par le passé, afin qu'ils puissent s'en servir dans leurs jugements, et que *foi pleine et entière y soit ajoutée sans recourir à autre preuve.*» — « Voulons et ordonnons (portent les Lettres patentes),
» que les dites coutumes soient gardées et observées, et, à cet effet,
» enregistrées.... telles qu'elles sont renfermées dans le *rouleau* que
» nous vous envoyons : nous les confirmons, à l'exception de *vingt*
» *coutumes* contenues au même *rouleau*, sur lesquelles nous nous
» réservons de délibérer en temps et lieu » (2).

Les faits caractéristiques qui concernent Toulouse, aux diverses époques de son histoire, expliquent très· bien et éclaireront d'avance les résultats que l'on trouve dans les Coutumes constatées au XIII° siècle.

La ville des Tectosages (pardonnez-moi de remonter jusque là) avait commencé ses relations avec les Romains par un traité d'alliance, mentionné dans l'*Histoire de Diodore de Sicile* (3); et l'on sait que les *alliés* des Romains (*fœderati*) conservaient leurs institutions municipales. Plus tard, les Toulousains furent investis du droit de latinité, car Pline l'ancien, en dénombrant les *oppida latina*, mentionne *Tolosani Tectosagum*; mais ce droit de *latinité*, qui était relatif surtout au droit de *propriété romaine*, ne portait aucune atteinte (comme l'a parfaitement établi M. Benech dans un de ses Mémoires) au droit d'indépendance municipale ou d'autonomie, qui appartenait aux villes alliées (4). Ainsi, la constitution politique de la ville de Toulouse, qui, selon les mœurs et les institutions gauloises, était représentée par un sénat aristocratique et des magistrats, choisis dans le sénat ou hors du sénat, avait dû subsister, ou conserver son principe originaire. — Quelques indices, et notamment une médaille frappée en l'honneur de Galba, portant d'un côté la tête de cet empereur (qui

(1) Il résulte aussi du préambule qu'une commission était donnée *au sénéchal de Carcassonne* pour concourir à la reconnaissance et au collationnement des Coutumes.

(2) *Consuetudines Tolosæ* (la traduction est celle de Soulatges, 1770). Voir les procès-verbaux de la Coutume, dans le recueil de Richebourg, t. IV, *in fine*.

(3) Fragment rapporté dans Adrien de Valois, *Notitia Gall.*, p. 653 (*fœdus*).

(4) M. Benech, dans son savant *Mémoire sur Toulouse, Cité latine*.

avait d'abord gouverné l'Aquitaine), et de l'autre, *Tolosa Colonia*, doivent faire présumer que Toulouse avait reçu une colonie romaine(1) : votre honorable Secrétaire perpétuel ne laissera pas longtemps, je l'espère, cette question indécise.

Ce qui est certain, dès aujourd'hui, c'est que Toulouse, à l'époque gallo-romaine, avait son Capitole et ses consuls. La preuve en est dans Sidoine-Apollinaire, qui rapporte que saint Saturnin, évêque des premiers siècles, l'apôtre du christianisme dans cette partie de la Gaule méridionale, fut précipité du haut du Capitole, *de gradu summo Capitoliorum* (2). — Quant aux consuls, leur dénomination se trouve dans les documents les plus anciens sur Toulouse, et elle ne fut remplacée qu'au XIIIe siècle par celle de Capitouls (*Capitularii vel de Capitulo Tolosano* (3).

L'opinion de plusieurs savants, que Toulouse fut réduite par les Romains, dans les premiers temps de la conquête, à l'état de *province*, au régime absolu des provinces romaines, me paraît difficilement admissible. Cette opinion s'appuie principalement sur les mots « *quœ civitas est in provincia* » appliqués à Toulouse dans les Commentaires de César (1, 10); mais je crois avoir démontré (dans le tome 1er de mon histoire du Droit) que la *Province romaine* comportait des situations diverses, des droits différents pour les villes qui s'y trouvaient comprises, et qu'une cité libre ou alliée pouvait exister dans le territoire d'une province : *Civitas in provincia*, loin de marquer l'assujettissement de Toulouse à l'état de province romaine, marquerait donc bien plutôt son existence de Cité libre ou alliée, au sein de la province Narbonnaise (4).

En dernière analyse, soit comme *Ville municipale*, d'origine gauloise,

---

(1) Ptolémée, dans la *Géographie de la Gaule Narbonnaise*, donne à Toulouse le nom de *Colonie*.

Goltsius paraît être le premier qui ait mentionné et reproduit la médaille (Lafaille, Annales, 1, p. 17).

(2) Sid. Apoll, epist. lib. 9, Ep. 16. — Fortunat. 2, carmen 8 et 9. — Greg. Tur. *de glor. mart.* 1, c. 48. — D. Vaissette I, c. 48.

(3) Voir, à la fin des Cout., la sentence de 1226. — La liste authentique des Capitouls, au nombre de 12 (6 de la cité, 6 du bourg, *suburbii*), ne commence qu'en 1295, sur l'ancien registre, appelé Annales de l'Hôtel-de-Ville (Lafaille, 1, p. 20). — D. Vaissette, liv. 27, c. 75, tome 6, p. 215, sur l'origine des *Capitouls*.

(4) Cette opinion de Catel, suivie par M. Bench, s'appuie sur quelques considérations générales, mais n'invoque pas d'autre texte. Voir le *Mémoire sur Toulouse*, considéré comme *cité latine*, p. 24.

ayant conservé sa constitution sénatoriale et aristocratique, en la modi-
fiant par l'imitation des institutions de Rome et l'adoption du titre de
ses magistrats ; soit comme *Cité* investie du *droit de latinité*, ou du
droit de *colonie romaine*, Toulouse avait le double caractère d'une
ville qui tenait, 1° de son origine gallo-romaine, un esprit politique
de municipalité indépendante, gouvernée par des magistrats revêtus
d'un nom romain ; 2° du droit de latinité communiqué à son territoire,
dès les premiers temps de l'empire, un droit civil conforme, sous
plusieurs rapports, à l'ancien droit civil de Rome, mais empreint
aussi d'esprit local et mélangé de coutumes indigènes.

Les Visigoths, en établissant le siége de leur empire à Toulouse,
y respectèrent les traditions romaines unies aux traditions locales : ce
résultat est attesté par le Code d'Alaric extrait du Code Théodosien ;
— par le *Commonitorium*, ou préambule authentique, qui explique
l'intention et le but du Code nouveau ; — par l'interprétation législative qui l'accompagne, et qui, émanée (comme le prouve le *Commonitorium*) de l'assemblée des évêques et des provinciaux, modifie assez
souvent les lois romaines, selon l'état des mœurs et des coutumes de
la province. Le droit romain, d'après le Code d'Alaric, le *Commonitorium* et l'Interprétation, est *la loi territoriale*. Le caractère
de *réalité* qui déjà, depuis quatre siècles, avait été imprimé dans le
pays au droit civil de Rome par la concession territoriale du droit
de latinité, se trouvait ainsi maintenu par un roi d'origine germanique et par le Code de l'an 506. — Ce Code, promulgué au nom d'A-
laric II, roi des Visigoths, reçut son exécution après la conquête de
ses états par Clovis, qui sépara Toulouse de la Septimanie, pour rat-
tacher cette grande cité à l'Aquitaine ; et Charlemagne, dans la
vingtième année de son règne, fit une seconde publication ou édition
solennelle du Code d'Alaric, pour en confirmer l'autorité.

Le Droit romain eut une destinée et une autorité différente dans le
pays de Toulouse et dans la région de la Septimanie, abandonnée aux
Visigoths. Là, dans cette contrée appelée de leur nom, Gothie, la loi
visigothique, recueil mélangé de Droit germanique, romain, ecclé-
siastique, fut d'abord prédominante (1) ; le Code d'Alaric n'y reçut
point d'application comme loi territoriale ; il n'y fut que la *Lex ro-*

(1) Voir mon *Histoire du Droit*, tome 2, p. 404. Le Code Visig. commence avec les
édits d'Euric, de 486.

mana, considérée comme *loi personnelle*, de la même manière que la *Loi des Francs*. La Constitution du pape Jean VIII, de l'an 878, prouve formellement que l'évêque de Narbonne présenta le livre de la Loi gothique au pape, comme la loi principale de cette partie de la province (1) ; et les plaids célèbres, tenus à Narbonne, en 782, 862 et 933 sont mi-partis de Romains, de Goths et de Francs (2).

Cette différence d'application ou de destinée du Droit romain, dans les deux parties du Languedoc, est essentielle : à Toulouse, le Code d'Alaric régna sans partage ; — dans la Gothie, le *Codex legis Visigothorum* fut substitué de force à la *Lex Romana Visigothorum* ; — dans le pays de Toulouse, le Droit romain resta loi réelle et territoriale ; — dans le territoire de Narbonne ou de la Gothie (Bas-Languedoc), la Loi romaine fut seulement à l'état de loi personnelle ; — à Toulouse enfin le Code de la loi Visigothique ne reçut aucune exécution ; — et l'on verra, dans le cours de nos recherches, que les anciennes Coutumes de Toulouse ne portent en effet aucune trace de la Loi germanique des Visigoths.

Du IXe au Xe siècle, la féodalité s'étendit sur la France et se fit sentir dans le Midi. Au comte Bernard, qui, le premier, vers l'an 874, s'intitula *Comte, par la grâce de Dieu*, se rattache l'hérédité des comtes de Toulouse (3). Mais la forte constitution de la Cité empêcha la féodalité de prévaloir contre le pouvoir municipal. Les comtes de Toulouse, devenus héréditaires, maintinrent les coutumes, augmentèrent les priviléges de la cité. — Plus heureuse que les villes de l'Italie et de la Provence, qui furent livrées souvent au pouvoir passager, à la tyrannie éphémère, mais sans cesse renaissante, des *Podestats*, la ville capitale de la Langue d'Oc put se développer au moyen-âge, sous la protection d'un pouvoir héréditaire qui avait intérêt à ménager l'avenir, à captiver l'affection des peuples, à seconder la prospérité du pays.

Sous le gouvernement héréditaire des comtes de Toulouse, la ville, avec ses faubourgs et dépendances, fut toujours administrée par des Consuls et un Conseil commun. Les magistrats consulaires et le

(1) Voir mon tome 4, p. 288, 300.
(2) Plaids tenus à Narbonne, en 782, 862, 933. — Celui de 933 avait 11 Romains, 4 Goths, 3 Francs, et annonçait déjà la suprématie qu'avaient regagnée les Romains. (Texte des Plaids, dans D. Vaissette, t. 2, p. 134, 281, et tome 3, aux preuves, p. 410 (édition Du Mège).
(3) V. la généalogie des Comtes, dans Lafaille (Annal. I, p. 65).

Conseil avaient la juridiction civile et criminelle; mais, pour rendre la justice civile, ils s'adjoignaient quelquefois, comme assesseurs, des membres de l'Église cathédrale ; et le Viguier, ou vicaire du comte, devait être présent au jugement des affaires criminelles. De plus, lorsqu'il s'agissait de l'intérêt des femmes mariées, de l'assignation de leur dot, de la condition des débiteurs (1), du droit des créanciers qui réclamaient privilége (*poderagium*) sur chose allodiale (2), et de quelques autres matières où se faisait plus particulièrement sentir un besoin de protection, le Viguier intervenait et exerçait une certaine part de juridiction civile. — Les Consuls avaient donc pouvoir de juridiction dans l'ordre civil et criminel, *imperium mixtum et merum* ; mais le Comte, représenté par son Viguier, conservait une haute surveillance sur l'exercice de la juridiction criminelle, et une participation à l'exercice de la juridiction civile dans l'intérêt surtout des faibles et des incapables. Le Viguier du Comte exerçait ainsi, déjà, une sorte de MINISTÈRE PUBLIC, analogue à celui que les GENS DU ROI exercèrent plus tard près des parlements (3).

Hors de Toulouse, la féodalité s'établit plus librement ; et la justice seigneuriale avait ses droits reconnus sur le territoire circonvoisin. Mais la juridiction des consuls planait encore sur le sol toulousain, comme juridiction suprême. Ainsi, les causes *mixtes* leur appartenaient, et, s'il y avait difficulté pour le jugement des causes de ce genre renvoyées aux juges seigneuriaux, les consuls eux-mêmes ressaisissaient la connaissance du litige et statuaient en dernier ressort. Les Consuls avaient, en outre, avant 1285, le droit reconnu d'*interpréter*, de *déclarer* la coutume ; et leur pouvoir de juridiction s'élevait alors jusqu'à une sorte de pouvoir prétorien. — Quant au pouvoir direct d'établissement législatif, *stabilimentum*, il ne s'exerçait

---

(1) Année 1197. Établissement relatif aux débiteurs et aux mesures : « Carta publica » constitutionis quam fecerunt Consules Tolosanæ civitatis et suburbii cum *Communi* » *Consilio* urbis et suburbii, cum consilio et *voluntate* Petri Nogerii, *Vicarii*, qui totum » illud laudavit et concessit pro D. Raymundo Tolose comite, in loco ejusdem, ipse » pro ipso» (Archives municipales, petit registre in-4°, connu sous le nom d'*Ildefonse*, fol. 20).

(2) Sur le *poderagium*, V. Casaveteri, *de debitis* (f° 28, au verso n° V.), et *infra*, § 5.

(3) Dans son important mémoire sur les coutumes de Toulouse, M. Astre ne me paraît pas avoir assez tenu compte de la situation du Viguier. (Mém. de l'Acad. des sciences et inscriptions de Toulouse, année 1854, p. 141). — Le Viguier fut maintenu jusqu'en 1553. (Lafaille, Annales, tome 2, p. 152).

qu'en présence ou du consentement soit du comte, soit de son viguier (1).

Dans une telle organisation de la justice et de la cité, l'Eglise, représentée en certains cas seulement par des assesseurs, n'aura qu'une faible part dans le jugement des causes civiles ; et le Droit canonique ne pourra exercer que très peu d'influence sur les coutumes du pays.

En résumé, d'après les faits qui caractérisent l'histoire et les institutions de Toulouse, depuis les temps anciens jusques et y compris le treizième siècle, le Droit romain, d'une part, modifié par l'*interprétation provinciale* du V° siècle, et, d'autre part, les Coutumes indigènes, le Droit municipal, devront avoir le caractère prédominant : le Droit germanique, le Droit canonique seront à peu près absents. Quant au Droit *féodal*, il apparaîtra, mais il ne formera qu'un élément secondaire dans les usages de la cité, soumise surtout à l'influence permanente de la juridiction consulaire.

Et tel est, en réalité, Messieurs, l'esprit des Coutumes de Toulouse : l'analyse raisonnée que nous allons présenter en fournira la preuve complète, et fera clairement ressortir le rapport qui a existé entre les faits et les institutions.

§ II.

Analyse et esprit des dispositions et des traditions d'origine romaine.

Les coutumes toulousaines du XIII° siècle se composent de quatre parties :

La première est relative aux formes de procéder et aux jugements (26 titres) ;

(1) Registre in-4°, dit l'Ildefonse, année 1147 : Ego Ildefonsus..... confirmo bonos mores et franquintos quos habebant et quos ego eis dedi et feci.

1152. Hæc est Carta de *stabilimento* quod fecit Commune Consilium Tolosæ et suburbii cum consilio Raymundi comitis Tolosani.

1220-1221. Chartes relatives à l'élection des Consuls : Consules cum Communi Consilio civitatis et cum *consilio* et *voluntate* domini Raymundi.

1199. Réglement contre les gens de mauvaise vie et les débiteurs :

Hoc est commune stabilimentum quod consules urbis et suburbii cum consilio communis Consilii... in *præsentia D. Raymundi*, etc. (Voir le *Mémoire* de M. Astre, p. 20).

La deuxième, aux obligations, contrats et acquisitions (9 titres);

La troisième, aux dots, testaments et successions (7 titres);

La quatrième, aux fiefs et aux immunités de la ville de Toulouse (6 titres).

On trouve en appendice deux titres sur les limites du *gardiage* et de la *viguerie* de Toulouse, c'est-à-dire sur les limites du territoire placé sous la *garde* des Consuls ou Capitouls, et du territoire plus étendu soumis à l'autorité du *Viguier*. Les habitants qui se trouvaient dans le *Dex* ou la limite du gardiage jouissaient seuls de toutes les franchises possédées par la ville de Toulouse. En 1226, les limites du gardiage et de la viguerie furent agrandies par sentence des Capitouls, d'accord avec le comte de Toulouse. La sentence est mise à la fin des coutumes, et il en résulte que le *gardiage* embrassa l'étendue d'une lieue autour de la ville et des faubourgs, et la *viguerie* celle d'environ deux lieues (1).

L'ensemble des titres de la Coutume, sans cet appendice, est de 48 titres et 155 articles. Mais il faut y ajouter, comme document important pour l'histoire du Droit, les vingt dispositions ou coutumes qui n'avaient pas reçu l'approbation royale en 1285.

Dans les quatre parties de la Coutume *approuvée* sont répandus vingt-sept articles qui reproduisent ou réfléchissent des dispositions et traditions de Droit romain.

Vingt de ces articles se rapportent à l'*ancien Droit civil* de la République ou de l'Empire, et se retrouvent dans le Code Théodosien ou dans le Code d'Alaric (*Lex romana Visigothorum*) et ses accessoires, tels que l'Interprétation, les Codes Grégorien et Hermogénien, les Sentences de Paul, l'Epitome de Gaius, reproduits dans l'édition de Sichard, en 1528, et, de nos jours, dans la riche édition donnée par Haënel d'après soixante-seize manuscrits, et sur laquelle l'Académie a entendu récemment un rapport approfondi.

Sept articles seulement paraissent empruntés au Droit de Justinien, Digeste, Code et Novelles.

Je vais en faire successivement deux classes, en indiquant les sources.

(1) Voir Soulatges, Commentaires, IVe partie, p. 159 et 160. Gardiage, de *gardia* pour *custodia*.

Je classe premièrement les dispositions qui réfléchissent le Droit civil de Rome, *antérieur à Justinien*, dans l'ordre suivant :

1° La prohibition des Coutumes de Toulouse, en matière criminelle, d'accuser ou d'intervenir par procureur, prohibition conforme au Code d'Alaric et aux Sentences de Paul (1) ;

2° La règle des aveux ou confessions en justice civile qui doivent être faits, pour être valables, en présence des parties, et qui ne *nuisent* pas en matière criminelle : disposition des coutumes qui se retrouve dans l'ancienne procédure civile et criminelle des Romains, (Code Grégorien, Sentences de Paul et Digeste) (2);

3° La preuve des obligations par *exhibition de titre*, sans que cependant la possession de l'acte par le créancier soit toujours probative du non paiement (Code Grégorien) (3); et la défense de la *preuve par témoins* du fait allégué, savoir, que le débiteur, depuis la confection du titre non représenté, a reconnu devoir : disposition de la coutume *contraire* au Code de Justinien, *de fide instrumentorum* (4);

4° Les effets des sociétés entre commerçants qui assuraient les *dépenses de nourriture* à celui qui faisait les transports lointains ; règle de la coutume énoncée dans les Sentences de Paul (5);

5° La préférence, en cas de ventes ou de donations successives,

(1) *Coutumes de Toulouse*, liv. 1er, tit. 2, art. 2.
Lex romana Visig. (Haënel), lib. IX , tit. 1, l. 9, *et Interpret.* : per mandatum nullus accuset.
Lex Rom. XI, 14, 4 (Haënel, p. 232.)
Pauli Sent. V, 18, 11 (Haënel , p. 432.)
Id. V, 4, 12, (Haënel , p. 418).

(2) *Cout.* I , 16, art. 4 et 5,
Cod. Greg., X, 2.
Paul. Sent., V, 5, 2, Haënel, p. 418 et *id.*, p. 454.
Dig., l. 36 , *de re judicat.*
L. 6, § 3, *de confessis.*
L. 2, § 1, 17, et ult. *de quæst.*

(3) *Cout.*, liv. II , 1, 4.
Cod. Greg. IV, 11, 2 (Haënel , p. 450.)

(4) *Cod. Just.*, l. 15, *de fide instrumentorum* :
In exercendis litibus eamdem vim obtinere tam fides instrumentorum , quam depositiones testium. (Voir les Observations de Soulatges, 2, p. 151.)

(5) *Cout.* , liv. II, tit. 2
Paul. Sent., II, 16.

de la *seconde* sur la *première*, si la *seconde* avait été suivie de la possession réelle (Code Grégorien et Sentences de Paul) (1);

6° Les effets de la possession de *mauvaise foi* pour la restitution des fruits perçus avant le litige , de la possession de *bonne foi* pour l'acquisition des fruits consommés ou existants : coutume conforme aux règles des Codes Grégorien et Théodosien (2);

7° Les effets irrévocables de la puissance maritale, admis par la coutume conformément à l'ancienne *Manus* des Romains , sur les choses *données* en vue du mariage par le père ou les parents de la femme; le mari en était propriétaire à titre définitif , ainsi que des autres présents faits la veille ou le lendemain des noces : ces règles se retrouvent dans Gaïus, le Code Grégorien et les Sentences de Paul; et la coutume de Toulouse dit , à cet égard , *usus et consuetudo est in Tolosa et fuit a tempore quo non extat memoria continuo observata* (3);

8° Les effets de la même puissance sur les biens que la femme recevait et possédait pendant le mariage; le mari en était réputé propriétaire , *in bonis mariti sunt* , disait le Code Grégorien; *intelliguntur esse mariti*, disait la Coutume de Toulouse (4);

9° Le droit du mari de vendre le *fonds dotal*, avec le *consentement* de sa femme, ancien droit de l'Empire, consigné dans les Sentences de Paul , et formellement abrogé par Justinien (5);

10° Le droit de la femme d'exiger caution pour la *conservation* et

---

(1) *Cout.* II , 7, 1.
Cod. Greg. III, 6, 4. Haënel , p. 446.
Paul. Sent. V, 12, 4, p. 426.

(2) *Cout.* II , tit. 2.
Cod. Greg. I , 1. Haënel , p. 416.
Cod. Th., IV, 16.

(3) *Cout.* II, 5, 1, 2.
Gaïus , Com II , 86 , 90. — Cicero , topic. IV. — Sur la *Manus* je mentionne avec plaisir une thèse présentée à la Faculté de droit de Grenoble, par M. *Eyssautier* (1855), in-8°, 330 pages.
Cod. Greg. I, 2, 1. Haënel , p. 441.
Paul. Sent. V, 12, 1, *id.* p. 436.

(4) *Cout.* II, tit. 6, art. 1.
Cod. Greg., III, 6, 5. Haënel, p. 446.

(5) *Cout.* II, 7, 11.
Paul. Sent. (lex Julia de adulteriis), II, 22, 2. Haënel , p. 368. (Voir mon tom. 2, p. 564.

la *répétition* de sa dot en argent, coutume conforme à l'ancienne tradition romaine sur la *cautio rei uxoriæ*, mais abrogée par le Code de Justinien (1);

11° Le droit de la veuve de répéter sa dot et, de plus, l'augmentation stipulée ou présumée, venant de la donation faite par le mari *propter nuptias*, d'où est sorti depuis l'*augment coutumier*: disposition de la Coutume, conforme au Code d'Alaric et aux Sentences de Paul, *de Dotibus* (2);

12° Le droit du mari de porter plainte, en *son nom*, de l'injure faite à sa femme, mais avec reconnaissance du droit de la femme, au défaut de l'action maritale, de se plaindre en justice contre celui qui l'avait injuriée: coutume conforme au Code d'Alaric et aux Sentences de Paul (3);

13° Les effets de l'indivision entre enfants jusqu'au partage de la succession du père, indivision qui met en commun les créances et les dettes, les pertes et les acquisitions faites par un seul, sauf la preuve que l'acquisition d'immeuble provenait de ressources particulières et étrangères aux biens paternels: disposition de la Coutume conforme aux règles des Sentences de Paul et de l'Interprétation (4).

14° Le droit d'hérédité des parents paternels de celui qui est mort

---

(1) *Cout.*, liv. III, 1, 4.
Aulugell. IV, 3 : — S. Sulpicius tum primum *cautiones rei uxoriæ* necessarias esse visas scripsit. — *Lex romana Visigoth.*, lib. III, tit 13, l. 2. — *L'Interprétation* cite les *Responsa Pauli* sub titulo de re uxoria (Haënel, p. 92). — (V. mon tom. 1er, p. 219).
Cod. Just., V, 20, 1, 2, *de fidejuss.* sive ex jure, sive ex *consuetudine* lex proficiscitur, ut vir uxori fidemjussorem servandæ dotis exhibeat, *tamen eam jubemus aboleri.*

(2) *Cout.*, liv. III, —1—1. Lucrantur et debent recuperare de bonis ipsorum maritorum dotes et *donationes propter nuptias,* seu *agentiamentum* ubi constat de *gentiamento* et de donatione propter nuptias.
Lex romana Visig. III. — 13. — 2, 3, 5.
De Dotibus et *interpret.*, Haënel, p. 90.

(3) *Cout.*, liv. I, tit. 23, art. 2 et 3.
Cod. Th. IX, 1.
Paul. Sent. V, 4, 3. Haënel, p. 416.

(4) *Cout.*, liv. II, tit. 5, art. 4 et 5.
Paul. Sent. V, 11, 4, interpret. Haënel, p. 426.
Paul. Sent. IV, tit. 6, 7 et 8, *familiæ herciscundæ.*
Appendix, Haënel, p. 454 et 455.
Dig. X, 2, 3. — XVII, 2, 52, § 17.

ab intestat, sans laisser d'enfants , ni son père survivant; droit de succession conforme à l'ancien Droit civil de Rome , consigné dans les Sentences de Paul et l'Epitome de Gaïus (1) ;

15° Enfin la faveur des testaments et du droit de tester, suivant l'esprit ancien et les formes libres du testament militaire (2).

La seconde classe comprend les dispositions des anciennes coutumes de Toulouse , qui réfléchissent le *Droit de Justinien.*

Elles sont relatives :

1° à l'assimilation du partage , avec soulte, aux effets de la vente (droit du Code)(3) ;

2° A la tacite reconduction appliquée (selon le droit du Digeste) aux baux des maisons et des terres (4) ;

3° A la libération du débiteur (selon le droit du Digeste) par le paiement fait à l'un des créanciers solidaires , bien que l'autre fût absent (5);

4° A l'obligation du créancier de remettre le titre au fidéjusseur, à la caution et au tuteur qui paient la dette , et de *leur céder*, par acte public , ses droits et actions contre le débiteur (droit du Code et des Novelles (6);

5° Au droit du *créancier* de fixer le prix du gage (droit qui , d'après les Novelles , appartient au *juge*) et de s'en faire adjuger la propriété par la Cour, s'il n'y avait pas eu surenchère *après trois publications* (droit des Novelles (7) ;

(1) *Cout.*, liv. III, tit. 5.
Paul. Sent., 4, 1. Haënel , p. 404.
Gaii Epitome , XVI, 1. — Dans *Haënel* , tit. VIII, 64, p. 332.

(2) *Cout.*, lib. III, tit. 5.
Gaii Epit., II, Haënel, de testamentis , p. 324 : nulle forme n'est mentionnée.

(3) *Cout.*, liv. III, tit. 7.
Cod. Just., VIII, 38, 1.

(4) *Cout.*, liv. II, tit. 8, art. 1 et 2.
Dig. XXIV, 2, 13, § 11.

(5) *Cout.*, liv. II, tit. 4 , art. 2.
Dig. XLV , 2, 2 et 3. — XLVI, 3, 12.

(6) *Cout.*, liv. II, 4, art. 4 et 5.
Cod. Just., VIII , 43, 17.
Nov. I, IV, — n. 4 et 6 .

(7) *Cout.*, liv. II, 4, 1.
Nov. I, tit. IV. — *Nov.* 4, c. 3.

2

6° Et enfin ; à la nécessité (selon le droit du Code) d'*une citation en justice*, pour interrompre la prescription (1).

Voilà, dans les Coutumes de Toulouse, le partage un peu aride mais précis entre le Droit antérieur et le Droit postérieur à Justinien. Les traditions de l'ancien droit sont, comme on le voit, bien plus nombreuses, bien plus caractéristiques que celles du droit de Justinien, lesquelles ne concernent que certains effets de contrats ou de quasi-contrats : et cet inventaire des articles d'origine romaine atteste que l'influence du droit de Justinien et de l'Ecole des glossateurs avait peu pénétré encore dans la jurisprudence des Consuls, qui devaient s'attacher de préférence aux traditions anciennes, aux usages reçus de temps immémorial.

La preuve que c'était le Droit antérieur à Justinien qui prédominait dans les mœurs nous est donnée surtout d'une manière très-remarquable, dans la classification précédente, par deux dispositions qui touchent aux plus graves intérêts de la propriété et de la famille, je veux dire celle sur le *fonds dotal* et celle sur le *droit d'hérédité* en ligne transversale. Si les Consuls de Toulouse avaient voulu observer le Droit romain de la renaissance enseigné à Montpellier au xiiᵉ, à Toulouse au xiiiᵉ siècle, ils se seraient attachés nécessairement à ces dispositions fondamentales dans la législation de Justinien, qui constituaient, à l'égard du mari, le fonds dotal absolument inaliénable, et qui réglaient le droit de succession collatérale par la Novelle 118, sans préférence entre les branches paternelle et maternelle. Mais, au contraire, c'est le droit formellement aboli par Justinien, qui est maintenu dans les Coutumes de Toulouse : — d'une part, l'aliénation du fonds dotal y reste permise au mari, avec le consentement de la femme, d'après l'ancienne loi Julia de *fundo dotali*; — d'autre part, les Coutumes portent, contrairement au droit de Justinien et même au droit prétorien, que si un homme ou une femme décède *ab intestat*, sans descendants et sans laisser son père survivant, tous ses biens, meubles et immeubles, sont dévolus et appartiennent au plus proche parent du *côté paternel, in gradu paren-*

(1) *Cout.*, liv. IV, tit. 2.
Cod. Just. VII, 39, 3, 7, § 5.

telæ ex parte patris (1).—Ce droit de succession, uniquement favorable à la ligne du père, a tourmenté les commentateurs Casaveteri et Soulatges, sans parler des modernes, qui ne pouvaient le concilier avec la Nov. 118 sur les successions (2) : ces anciens commentateurs n'ont pas su reconnaître, dans cette disposition, la trace très significative et très précieuse du plus ancien droit civil de Rome, de la loi même des **XII Tables**, sur l'hérédité des agnats ; droit formellement reproduit dans l'*Epitome* des Institutes de Gaïus, compris dans le recueil d'Alaric comme monument légal et obligatoire (3). — Et ce mode de succession était si bien établi dans les mœurs toulousaines, avant la confirmation authentique des Coutumes de 1285, que nous possédons une sentence des consuls de Toulouse, de l'an 1226, qui constate formellement la pratique de ce droit, par suite de l'enquête faite des anciennes coutumes de la Cité (4). La sentence porte : « Et etiam per inquisitionem factam a Consulibus, invenitur consuetudinem esse in Tolosa quod ad *propinquiores ex parte lineæ paternæ hereditatis*, bona defunctorum ab intestato *jure successionis* pertinent et debent remanere. » — L'Epitome de Gaïus disait : « Non tamen omnibus simul *agnatis* lex hereditatum, sed *hiis* qui defuncto, mortis suæ tempore, *proximiores inveniuntur*. »—La corrélation du droit et des textes sur la succession des parents, du côté paternel, est donc évidente entre l'Epitome de Gaïus, la Sentence de 1226 et les Coutumes de 1285.

Mais on doit se demander, maintenant, si les trente dispositions du Droit romain, soit antérieur, soit postérieur à Justinien, qui se trouvent transportées dans la rédaction des Coutumes de Toulouse, constituaient pour le pays, à cette époque, toute la législation, toute la tradition romaine. Nous ne pouvons le penser, et nous partageons sur ce point l'opinion exprimée dans une autre enceinte (Académie des Sciences, Inscriptions et Belles-Lettres). La jurisprudence romaine

(1) *Cout.*, liv. III, art. 11 (f° 50) : et devolvuntur propinquiori seu propinquioribus illius personæ defunctæ, in gradu parentelæ ex parte patris.

(2) Casaveteri; Soulatges ; M. Astre, *Mémoire*. — François-François : *Observations des Coustumes de Toloze* (1615), p. 811, 812, 816, a mieux vu à cet égard, lui qui voit ordinairement avec tant de confusion; il a même pensé à la loi des XII Tables.

(3) *Gaii Epitome*, tit. XVI, de intestatorum hereditatibus, édit. de Lyon, 1593, p. 27. — Edition de Haënel, titre VIII, § 3, p. 332.

(4) Sentence du 12 novembre 1226. — Appendice au tome 1er de l'*Essai du Droit français au moyen-âge*, de M. Giraud, p. 113 et 116.

constatée par les Coutumes écrites était, sans doute, la plus usuelle, ou représentait la jurisprudence consulaire qui s'était formée sur les questions, les difficultés nées de la différence entre le Droit ancien ou théodosien et les dispositions du droit de Justinien nouvellement mis en lumière. Mais cette application spéciale supposait une application, une tradition plus générale du Droit romain, sans laquelle le recueil des Coutumes eût été trop incomplet pour répondre, avec ses 155 articles, aux besoins si variés, aux rapports si multiples de la vie civile. A notre avis, il avait été indispensable ou, du moins, très utile de fixer par la jurisprudence consulaire le droit propre de la Cité, sanctionné par une longue pratique et remis en question par des intérêts particuliers; il avait dû paraître utile aussi d'admettre dans l'usage certaines dispositions appropriées aux besoins de chaque jour, la *tacite reconduction*, par exemple, que l'on pouvait emprunter au droit de Justinien encore nouveau pour Toulouse : mais l'application particulière de ces dispositions romaines, diverses d'origine, n'enlevait pas dans le pays au Droit romain en général son caractère ancien de droit réel ou territorial, caractère qui est si formellement reconnu dans les Lettres patentes de saint Louis, du 8 avril 1250, relatives aux sénéchaussées de Toulouse, de Cahors et du Rouergue, en ces termes : « *Terra illa regi consuevit, ut dicitur, et adhuc regitur jure scripto* » (1). — Sans doute, à partir de la seconde moitié du XIIIᵉ siècle, le Droit romain territorial, qui prend alors le nom de *Droit écrit*, ne sera plus seulement l'ancien droit civil de Rome et de Théodose, réfléchi par le Code d'Alaric et les documents accessoires; il sera aussi le droit romain de la renaissance propagé par l'enseignement des écoles de Bologne, de Montpellier, de Toulouse. — Mais, en 1285, au moment où les Coutumes de Toulouse sont confirmées expressément par les Rois de France, l'usage de l'ancien droit romain n'a pas encore fléchi sur les points les plus importants, notamment en matière de dot et de successibilité agnatique ; les mœurs l'ont maintenu contre la propagande des Glossateurs; et ce ne sera qu'à partir du XIVᵉ siècle, que l'enseignement des Écoles fera pénétrer plus avant ses résultats dans les mœurs du pays, et que le

---

(1) *Recueil des ordonnances*, I, p. 62. — V. mon tome IV, p. 358 : le premier des articles présentés, par la ville de Toulouse, en 1432, le 1ᵉʳ mars, au roi Charles VIII, pour être confirmés, porte : « Que le dit pays seroit régy par forme de droit escrit, comme il estoit d'ancienneté. » (V. dans l'*Appendice* du praticien de *Cairon*, p. 485).

droit de Justinien sera substitué progressivement aux anciennes tra-ditions du code d'Alaric par la jurisprudence du Parlement de Toulouse, substituée elle-même graduellement à la jurisprudence des Consuls.

Ce sont là des distinctions qu'il ne faut pas méconnaître, si l'on veut se rendre exactement compte des anciennes Coutumes de Tou-louse, et de l'influence réelle du Droit romain dans cette région du Midi.

L'étude que nous venons de faire sur l'élément romain contenu dans ces anciennes Coutumes confirme, au surplus, par ses *résultats par-ticuliers* les *vues générales* que nous avons eu l'honneur d'exposer, il y a deux ans, devant l'Académie, sur les vrais caractères de la persistance du Droit romain dans la France du moyen-âge, et sur l'influence, tardive dans notre pays, des collections Justiniennes (1).

§ III.

Coutumes locales contraires au Droit romain.

Les coutumes de Toulouse ont amplement conservé des traces visi-bles de Droit romain, et surtout de l'ancien droit civil, comme nous l'avons précédemment établi. Mais la soumission aux idées, aux ins-titutions romaines n'existait pas toujours dans les *matières mêmes régies par le Droit romain*, antérieur ou postérieur à Justinien ; et plusieurs fois, les mœurs locales, plus fortes que ces institutions, ont maintenu dans la pratique et introduit dans les coutumes écrites des dispositions contraires aux règles essentielles du Droit civil de Rome.

Nous allons en recueillir ici les exemples les plus saillants :

Premièrement. Dans les coutumes de Toulouse, la puissance pater-nelle était reconnue, et l'on sait (Gaïus en avait fait anciennement la remarque) que cette puissance avait, dans les Coutumes galliques comme dans le Droit romain, le caractère absolu. Mais les consé-quences n'étaient pas les mêmes dans l'application, au-delà et en deçà des Alpes. La puissance paternelle, chez les Romains, résidait surtout dans les mains de l'aïeul ; et le mariage des fils, majeurs de vingt-cinq ans, n'empêchait pas que la puissance paternelle ne s'é-

(1) V. mon tom. IV, p. 277 301.

tendît sur la personne des fils, de la femme et des petits-fils. Au contraire, dans les mœurs gauloises, la puissance paternelle cessait par le
mariage; la femme était soumise à la puissance maritale et non à la
puissance paternelle ; les petits-enfants ne tombaient pas sous la puissance de leur aïeul, mais restaient sous la puissance immédiate du
père ; il y avait donc *émancipation par mariage*. — Eh bien, dans
les anciennes coutumes de Toulouse , l'émancipation tacite par le
mariage du fils et de la fille était admise dans les cas les plus ordinaires : lorsque le père avait fait une donation à son fils, en vue du
mariage, ou constitué une dot à sa fille, *Filii quibus patres eorum
fecerunt donationem ratione matrimonii... habentur pro eman-
cipatis.* — *Filia dotata a patre habetur pro emancipata* (1). —
Cette disposition était évidemment contraire au principe, fondamental
chez les Romains, qui perpétuait la puissance paternelle sur le fils
marié, quel que fût son âge, sauf le cas d'*émancipation solennelle*,
droit exprimé encore au Ve siècle dans l'Epitome de Gaïus (2). —
Elle était conforme à l'esprit des traditions celtiques , fortifiées par les
idées chrétiennes d'après lesquelles la *puissance paternelle*, dans le
sens juridique du mot, cessait pas le mariage, sans que le respect et
l'amour pussent avoir d'autre terme que la vie. — Ce n'est pas, Messieurs, le premier exemple des rapports que présentent les traditions
celtiques et les idées du christianisme. Plus on creuse dans l'histoire
et plus on se rapproche de l'unité de mœurs , de l'unité de langues ,
de l'unité de peuples , et enfin de l'unité de l'homme sorti de la main
de Dieu.

Secondement. Les Coutumes de Toulouse n'admettaient pas le
Sénatusconsulte Velléien, protecteur à Rome des intérêts de la fille
sui juris, et de la femme mariée. La fille toulousaine pouvait, à
douze ans, emprunter, s'obliger, cautionner. La femme mariée pouvait s'obliger avec son époux ou pour lui ; si elle l'avait cautionné ,
elle ne pouvait, plus tard, repousser le créancier par une exception
tirée de sa qualité ou de son incapacité (3). L'usage local avait ainsi

(1) *Cout. de Toul.*, liv. III, tit. 4, art. 1 et 2.
Soulatges, p. 364 et 369.

(2) Gaïus, *Epitome* , III, VI , édition de 1593, p. 19 et 20. Haenel , p. 320 : in avi
remanet potestate. — Filius masculus *tribus emancipationibus* de potestate patris exit
et sui juris efficitur.

(3) *Cout.*, liv. IV, tit. 4.

préféré la sûreté des obligations ou transactions civiles et commercia-
les à l'intérêt des femmes et des mères de famille, que le sénatusconsulte Velléien défendait, à Rome, contre leur faiblesse, leur inex-
périence, ou contre l'ascendant des maris (1). A Toulouse, les femmes avaient une condition très libre, nous en rencontrerons plusieurs
fois la preuve; mais si elles avaient les avantages de la liberté, elles
en subissaient les charges et les inconvénients, jusqu'à la possibilité
de se ruiner.

Troisièmement. Les filles *dotées*, quelle que fût l'exiguité de la dot,
n'avaient aucun droit, aucun supplément de part ou de *légitime* à
prétendre dans l'hérédité paternelle (2); et cette disposition, contraire
au Droit romain qui admettait la fille à l'égalité du partage avec ses
frères dans la succession du père décédé *ab intestat*, contraire au
Code Grégorien et à l'*Interprétation provinciale* qui permettaient
la plainte d'inofficiosité à la fille dotée qui n'avait pas reçu le *quart*
des biens (3), cette disposition était usuelle dans le midi de la France
au moyen-âge. Nous l'avons trouvée dans les anciennes Coutumes
d'Arles, de Salon, d'Alais, de Montpellier (4). D'où venait-
elle ? — Pour les fiefs, elle tenait au principe féodal, attesté par les
Coutumes de Milan, qui n'admettaient pas les filles au partage du
fief (5). Pour les biens roturiers, elle tenait au principe gallique et
coutumier de la conservation des biens dans les familles, et au respect
de la puissance du père qui, dans une sorte de partage anticipé, avait,
en constituant la dot, assigné la part de sa fille : le principe du respect
de la volonté paternelle est formellement exprimé dans les Coutumes d'A-

(1) V. mon tome 2, p. 495, sur le sénatusconsulte Velléius dans les Gaules.

(2) *Cout.* III, 1, 5.

(3) *Cod. Greg.*, II, IX, de Test. inoff., Haënel, p. 446. — Dans le *quart* des biens
on ne tenait pas compte de la *dot*, qui était acquise au mari.

(4) *Statuta Arelatis*, — *Recueil* de M. Giraud, II, t. 2. — *Statuts de Salon*, id.
p. 248.
Cout. d'Alais, art. 12. — *Olim*, t. 3, p. 1459.
Cout. de Montpellier, art. 13. — Thalamus parvus (édit. 1841, p. 8)

(5) Lib. Feud. 1, — fr. 8. — 11, — fr. 26, § 5.
Il en était autrement dans les Constitutions de Sicile, recueillies et promulguées par
Frédéric II. — Voir la nouvelle édition, dans l'*Historia diplomatica Friderici* II, t. 4
du précieux Recueil publié par M. le duc de Luynes (1854). et offert par lui à la Biblio-
thèque de la Faculté de droit de Toulouse.

lais et de Montpellier, et celui de la conservation des biens dans les familles nobles et autres est rappelé en 1472 par la requête des États
de Provence, qui en demandaient l'application générale : « Que d'aissi
» en avant per *conservation* las maisons *tant noblas quant autras,*
» las filhas que se trobaran essez *dotadas* per lur payre et mayre....
» *sian contentas soulamen de leur dota* » (1).

Quatrièmement. D'après les coutumes de Toulouse, la femme est
incapable de porter témoignage en justice civile : disposition contraire
au droit romain, qui l'admettait, sauf en matière de testament (2);
contraire aux lois visigothiques qui l'admettaient dans les cas ordinaires; mais conforme à certaines énonciations du droit canonique. Toutefois, je ne pourrais pas l'attribuer au *Droit canonique* lui-même,
avec M. Molinier, dans son intéressant rapport sur le mémoire de M.
Astre qui a, le premier, utilement traité et fécondé par ses recherches
les questions des anciennes Coutumes de Toulouse.

En effet, le témoignage des femmes, *non admissible* d'après un
texte du Décret de Gratien, et peu sûr d'après un texte des Décrétales de Grégoire IX (3), *est admis* cependant par une Décrétale

---

(1) Statuts de Provence et de Forcalquier, Richebourg, Coutumier général, tome II,
p. 1214 et 15.

(2) *Cout.*, liv. 1er, tit. 17, art. 3 et 11. — Dig. I. 20, § 6, qui test. facere possunt,
— Cod. Just., de Codicillis, l. ult. — Les lois Wisigothiques l'admettaient ordinairement, et, par conséquent, on ne peut pas assigner à la prohibition une origine germanique.

(3) Décret de Gratien, pars 11, causa 33, quæst. V, cap. 17. (Édition 1618, p. 391).
Texte tiré, par Gratien, du livre de saint Augustin, in libro quæstionum *veteris tes-*
tamenti, quæst. 45; d'Ives de Chartres, Decret., pars 8, c. 85. Panorm. 1, 7, c. 49;
et conforme aux coutumes judaïques. (Voir Joseph, antiq. judaïc., lib. IV, c. 8, n° 15.)
« Mulierem constat subjectam dominio viri esse, et nullam auctoritatem habere, nec
docere enim potest, *nec testis* esse, neque fidem dare, nec judicare ; quanto magis non
potest imperare (Gratien).
Dans un *autre texte*, emprunté à saint Ambroise, sur la première épître aux Corin-
thiens, où il ne s'agit plus des mœurs de l'Ancien testament, comme dans les textes
empruntés à saint Augustin, on ne parle pas de l'*incapacité* de la femme, mais de son
humilité, *ibidem*, c. 19 : « Mulier debet velare caput quia non est imago Dei. Sed ut
» ostendatur subjecta, et quia prevaricatio per illam inchoata est hoc signo debet habere,
» ut in ecclesia propter reverentiam episcopalem non tenet caput liberum, sed velamine
» tectum, nec habeat potestatem loquendi, quia episcopus tenet personam Christi. Quasi
» ergo ante judicem sic ante episcopum quia vicarius Domini est, propter peccatum ori-
» ginale subjecta debet videri. »
Le texte que l'on peut citer d'après les *Décrétales* de Grégoire IX, lib. V, tit. 40,

de l'an 1203, insérée dans la nouvelle édition du *Corpus juris canonici* que RICHTER a publiée sur un manuscrit de Rome, communiqué par l'infatigable Haënel (1). — Le témoignage des femmes devant les cours de justice paraît avoir été défendu, depuis, il est vrai, par une constitution de Boniface VIII, proclamé Pape en 1294; mais cette constitution, postérieure à 1294, n'aurait pu exercer d'influence sur des coutumes approuvées en 1285. D'ailleurs, la constitution, en statuant pour l'avenir, suppose qu'*auparavant* les femmes portaient témoignage en justice ; et elle n'a pas pour but de déclarer leur incapacité à cet égard, mais seulement de changer le *mode* du témoignage. Elle défend de contraindre les femmes à se rendre devant les tribunaux pour y témoigner, et cela par un motif de décence publique; mais si leur témoignage est nécessaire, elle veut que le juge commette un tabellion pour le recevoir à domicile : « Mulieres, » quas vagari non convenit nec virorum cœtibus immisceri... ad » judicium personaliter evocari vel *trahi invitas causa ferendi testi-* » *monium...* prohibemus ; sed cum necessarium fuerit testimonium » earumdem, judex (in expensis partis producentis easdem) tabel-

cap. 10, p. 523, n'est point relatif à l'*incapacité* des femmes d'être témoin ; il prescrit seulement d'examiner la *qualité* des témoins pour apprécier la valeur du témoignage, ce qui est bien différent :

« Testes autem considerantur conditione, natura et vita. — Conditione, si liber, non servus, nam sæpe servorum metus dominantis testimonium supprimit veritatem. — Natura, *si vir*, non *fœmina :* nam varium ac mutabile *testimonium semper fœmina producit.* »

(1) Corpus juris canonici, ad Exemplar romanum, edidit L. Richter (Lipsiæ, 2, v. in-4°, 1839).

« Tam litteris vestris quam depositionibus testium diligenter auditis, intelleximus evidenter nihil esse contra dilectum filium Lucanum electum sufficienter ostensum, nisi de auditu tantum et fama, quum super aliis, si qua videantur esse probata, testes sint vel soli *vel tales* qui non potuerunt illa *legitime* comprobare. Quia vero super *matrimonio* quod idem electus dicitur contraxisse cum vidua testes non fuere recepti propter appellationis obstaculum, ne videlicet *laici*, vel *fœmine* in tali reciperentur articulo contra ipsum, sicut vestris nobis litteris intimastis, licet nuncii ejusdem electi , coram nobis probare aliud niterentur, nos, ut tantæ irregularitatis objectio non remaneat indiscussa , discretioni vestræ per apostolica scripta mandamus atque præcipimus, quatenus testes sive *laicos*, sive *feminas*, duntaxat idoneos, qui ad hoc fuerint probandum infrà mensem inducti, *recipiatis legaliter* et examinetis prudenter, excommunicantes solenniter, si quis eos impedire præsumpserit quominus *testimonium* perhibeant veritati... Datum *Fesculini*, 11, id. maï (1203).

Décrétal. Grég. IX., lib. II, tit. de test. et ult. c. 33. — Décrétal. t. 2, p. 315.

Ainsi, le témoignage des femmes est admis ici en matière de *mariage*, et il s'agissait du mariage d'un prêtre élu évêque !

» lionem aut aliam personam idoneam ad eas transmittat » (1). Ainsi le témoignage des femmes était *pratiqué* avant la constitution de Boniface VIII, et il n'était pas interdit par cette constitution. Au surplus, sur la question du témoignage des femmes, en droit canonique, nous possédons aujourd'hui un document très précieux, c'est la *Somme judiciaire* d'Andréa, sur le second livre des *Décrétales*, publiée en 1840, d'après un manuscrit de Bâle du XIVᵉ siècle, sous le titre suivant : JOANNIS ANDREÆ SUMMULA DE PROCESSU JUDICII. Au § 12, il est dit que la femme ne peut être témoin en *matière criminelle*, c'est-à-dire lorsqu'il s'agit de vol ou d'homicide : « Mulier non potest esse testis *in causa criminali*, id est, ubi agitur de furto, vel de homicidio. » — Donc, dans la pratique qui avait suivi les Décrétales, le témoignage des femmes, *en matière civile, n'était pas prohibé* (2). Donc ce n'est pas du Droit canonique que devait venir la disposition de la Coutume de Toulouse. — J'aime bien mieux dès lors me rallier à la seconde opinion du savant rapporteur, qui pense que l'on peut faire remonter cette interdiction du témoignage des femmes en matière civile, jusqu'à la procédure du combat judiciaire : cette procédure excluait le témoignage des femmes par la force des choses, puisque les témoins devaient être des champions prêts à soutenir leur témoignage en champ clos.

Cinquièmement. Les tuteurs et curateurs, dans les coutumes de Toulouse qui contiennent sur ce sujet de nombreuses dispositions, n'étaient point tenus de faire inventaire ni de donner caution de leur administration future, comme en droit romain ; ils pouvaient librement vendre les biens immeubles de leurs pupilles après trois proclamations, sans aucune garantie pour l'emploi des deniers et pour la reddition des comptes (3).

Ces dispositions également contraires au Droit romain, à l'équité, à la probité publique et privée, entraînaient et consacraient la spoliation des mineurs ; et l'ancien usage avait produit tant de ruines scandaleuses, qu'en 1285, dans l'année même où les Coutumes de

---

(1) SEXTE, lib. 2, tit. 1, cap. 2.

(2) JOANNIS ANDREÆ SUMMULA DE PROCESSU JUDICII. — Ex codice Basileensi, c. V, 19, in integrum restituit AGATHON WUNDERLICH, in universitate Basilcensi professor publicus ordinarius. — Bâle, 1840 (in-8º de 59 pages).

(3) COUT., liv. 1ᵉʳ, tit. 3 et tit. 19, art. 4. — liv. 11. tit. 7. art. 5 et 8.

Toulouse venaient d'être reconnues et approuvées par le Roi, deux commissaires royaux, Rodolphe, évêque de Laon, et Jean, comte du Forez, chargés par Philippe-le-Bel d'une mission dans les provinces de la langue Occitanique *pro reformatione patriæ et correctione* CURIALIUM (expressions remarquables), rendirent un arrêté, célèbre sous le nom d'ARRESTUM SANE, afin d'enchaîner le désordre des tutelles et curatelles, et de donner aux incapables des garanties contre les spoliations dont ils étaient victimes.

Cet *arrestum Sane* (ainsi appelé du premier mot de l'un de ses principaux paragraphes) est un document curieux sur les mœurs du moyen-âge. Il prouve combien les admirateurs exclusifs de cette époque doivent se défier quelquefois de leur système historique. L'histoire du Droit ne peut marcher qu'à la lumière des textes et des coutumes constatées ; elle est à l'abri, sous cette nécessité, du double péril de calomnier le passé ou de se faire illusion sur ses véritables caractères. Je vais traduire ce document, oublié dans son latin un peu barbare. — Nous sommes à la fin du **XIII**e siècle, après le beau règne de saint Louis ; et voici la traduction fidèle de l'Arrêté rendu par l'évêque et le comte chargés de la réformation (1) :

« Nous RODOLPHE, par la permission divine, évêque de Laon, et JEAN, comte de Forez, envoyés dans les contrées de la Langue Occitanique pour *la réforme du pays et la correction des Curiales*, au nom de notre Sire le Roi de France et de Navarre : — Faisons savoir à tous que nous avons reçu les supplications *des vénérables Consuls de la ville et des faubourgs de Toulouse*, et de plusieurs Nobles et non nobles, venus à nous pour causes ci-dessous indiquées ; lesquels nous ont affirmé qu'à raison de la mauvaise et inhabile gestion des tuteurs, les biens meubles et immeubles des pupilles et des adultes, remis aux tuteurs et curateurs sans confection d'inventaire, sont dévastés ou dilapidés, à tel point que les pupilles et les mineurs se trouvent réduits ensuite à la pauvreté et à l'indigence. — C'est pourquoi, désirant pourvoir à l'état des pupilles et adultes, à la

(1) L'Arrestum *sane* est dans l'édition de *Casaveteri* (f° 70) et dans Richebourg, *Coutum. général.*, IV, p. 1066).

Il ne se trouve point dans l'indigeste compilation de *François-François* (1615), ni dans le Recueil de *Soulatges*, trop souvent incomplet dans sa traduction (1770), ni dans le Praticien de Gabriel *Cairon*, qui a un appendice sur les Anciennes Coutumes (1604, in-4°).

conservation de leurs biens, à la gestion des tutelles et curatelles, nous faisons, de l'autorité du Roi, les ordonnances suivantes :

» Comme il est constant que, dans l'âge de la minorité, le jugement est fragile et infirme, soumis à beaucoup de surprises, exposé aux piéges de plusieurs, les Lois civiles, d'accord avec l'équité naturelle, sont venues au secours des mineurs contre les captations et les embûches. Or, il convient que les secours et remèdes soient apportés surtout contre la *malice* des tuteurs et curateurs eux-mêmes, et les précautions doivent être d'autant mieux établies de ce côté, que la familiarité de leur administration est plus dangereuse pour les pupilles.

» Nous avons appris, en effet, par les assertions de plusieurs personnages dignes de foi, que certains tuteurs et curateurs, aveuglés par leur propre intérêt, et désireux de soustraire *frauduleusement* les choses et les biens des mineurs, ne font pas d'inventaire, ou le font tardivement, et en dehors de *la prévision des Lois*, et qu'au mépris des serments auxquels ils sont spécialement astreints, ils s'emparent de l'administration, occupent les biens, *cachent* les choses pour les *appliquer ensuite* à leur propre usage et dilapident, dévastent, dispersent misérablement le patrimoine des pupilles. Aussi, il arrive souvent que lorsque les parents des mineurs ont laissé, en mourant, des richesses mobilières et immobilières, des maisons opulentes, bien construites, bien pourvues et garnies de tout, on ne trouve plus, au terme de la gestion des tuteurs, que des maisons dégradées ou en ruine, dépouillées de leurs meubles et de leurs autres richesses. Par leurs fraudes et négligences, ils réduisent comme à rien le patrimoine pupillaire ; ce qui reste peut à peine suffire aux premières nécessités ; et des pupilles ou adultes qui devraient, tant par l'héritage de leurs pères que par les fruits et revenus en provenant, florir et abonder en richesses, si leurs biens avaient été soigneusement administrés et fidèlement conservés, tombent souvent dans la dernière pauvreté.

» C'est pourquoi, Nous, compatissant pieusement aux dits mineurs et désirant obvier aux malices et fraudes de ce genre, nous avons statué sur ce que doivent faire les tuteurs et curateurs avant de s'immiscer dans la gestion, et de toucher aux biens meubles et immeubles des mineurs ;

» En conséquence, nous Voulons :

» Que les tuteurs et curateurs, aussitôt qu'ils auront appris qu'une tutelle ou curatelle leur est déférée, et au plus tard dans le délai de huit jours, se présentent devant le juge ordinaire du lieu, qu'ils donnent *caution valable et prêtent serment.* Et alors, de l'autorité du juge, en présence d'un notaire public et de quelques hommes probes, choisis dans la famille des pupilles et des adultes, ou, à défaut de parents, parmi les amis et les plus proches voisins connaissant les ressources et facultés des dits mineurs, il *sera fait inventaire*, par écrit, des biens meubles et immeubles, en quelque lieu qu'ils existent, et, si l'opération ne peut être faite en un seul contexte, ou terminée en un seul jour, à cause de l'étendue et de la diffusion du patrimoine, ou pour toute autre cause légitime, elle sera continuée les jours suivants et *achevée sans désemparer.* S'il en est autrement, nous ordonnons que les dits tuteurs et curateurs soient censés, comme l'ont sanctionné les Lois, avoir fait ou *commis un dol* (1), et qu'ils soient écartés comme *suspects* de toute tutelle et curatelle, à moins toutefois que, tuteurs donnés et constitués par testament, ils n'aient été *dispensés expressément de l'inventaire*, à raison des liens de parenté ou d'amitié faisant présumer la bonne foi.

» Il est *certain* aussi que trop souvent (SANE et *plerumque* (2) des tuteurs et curateurs induisent et conduisent, par fraude et séduction, les mineurs qu'ils ont reçus en leur foi et sauvegarde à leur donner, pendant et après leur administration, des quittances et décharges de gestion; qu'ils se font faire des cessions et des donations immodérées des biens de leurs pupilles; et que même, de ces quittances ou donations suggérées et dolosives ils exigent des actes publics, couverts par le serment et accompagnés d'autres précautions de droit.

» C'est pourquoi, Voulant obvier aux fraudes de ce genre et pourvoir à la défense des mineurs, nous prohibons à l'avenir ces donations, cessions et autres choses semblables pendant l'administration des tuteurs et curateurs, ou, depuis, pendant tout le temps accordé aux mineurs pour la restitution *in integrum*; — à moins toutefois qu'elles n'aient été consenties sans fraude, sous l'autorité ou l'approbation légitime du Juge compétent, et en présence de quelques hommes probes, pris dans la famille ou parmi les amis, et duement appelés; — Nous déclarons nulles et de nul effet toutes cessions ou libéralités autrement consenties.

(1) Cod. Just. V, 43. 9 : Susceptos tutores ex dolo.
Casaveteri, f° 71.

(2) C'est du premier mot de ce § que l'arrêté a été qualifié. *Arrestum* SANE *vulgariter nuncupatum*, dit Casaveteri.

»Nous voulons, au surplus, que les tuteurs ou curateurs, qui auront essayé d'en profiter, soient plus étroitement contraints à rendre compte, et qu'ils fassent restitution entière des reliquats, nonobstant toutes donations, quittances, cessions, garanties et obligations quelconques;

» Et qu'en outre, la peine du *double* soit exigée d'eux et appliquée aux droits du fisc.

» Faisons inhibition et défense à tous Notaires ou Tabellions de recevoir et autoriser par leur assistance (sub virtute eorum) le *serment* de telles donations, quittances, cessions et autres assurances ou cautèles, qu'ils verraient ou sauraient se machiner au préjudice des dits mineurs, et d'en passer actes publics, sinon en présence du Juge et des autres prud'hommes dénommés ci-dessus. — Que s'ils contrevenaient à la défense, Nous ordonnons qu'ils soient à jamais privés de leur office de Tabellionat ou de Notariat public, sans aucun espoir de restitution; et le tabellion qui aurait reçu les instruments des contrats prohibés sera, en outre, puni de *la peine d'exil perpétuel.*

» Au reste, si les tuteurs et curateurs, après l'expiration de leur administration, se montrent difficiles ou rebelles pour la reddition de leurs comptes et la prestation du reliquat, Nous voulons, non qu'il soit procédé par assignation et avec des formes toujours onéreuses aux mineurs, mais que les tuteurs et curateurs présentent leur compte et reliquat devant le juge ordinaire du lieu, sommairement, *de plano*, sans action et éclat judiciaire, ou devant une autre personne commise par le juge pour recevoir le dit compte;

» Que s'ils se montrent rebelles, frauduleux ou négligents quant à l'observation de la présente règle, Nous voulons qu'ils soient aussitôt *contraints* (de leur personne) à la restitution de tous les biens, tant meubles qu'immeubles, ainsi que des fruits et revenus, tant perçus que pouvant ou devant l'être, avec tous dépens et dommages et intérêts(1);

» Et, s'il y a nécessité, à raison de leur malice et improbité, Nous voulons qu'ils subissent, en outre, la peine de la *confiscation des biens,* laquelle sera prononcée par le juge, *sans autre forme* de procès ou de jugement;

» Et, enfin, si les mineurs ne peuvent point poursuivre person-

(1) *Compellantur.* Casaveteri ajoute en note : de *Jure*, possunt compelli arrestatione persona. C'est la *contrainte par corps* exercée en matière de reddition de compte.

nellement la reddition de compte ou négligent de le faire par simpli-
cité, les juges sont tenus de poursuivre d'office; — et si *les juges*
eux-mêmes n'observent pas les statuts et ordonnances à ce sujet, ils
seront punis par leurs supérieurs des *mêmes peines* et d'autres châti-
ments, s'il y a lieu.

» Mandons et Ordonnons, de la même autorité royale, à tous et à
chacun des sénéchaux, juges, viguiers et autres officiers royaux,
exerçant juridiction dans *tout le pays* de la *langue occitanique*,
d'exécuter, en vertu de leur serment, et de faire tenir et observer
inviolablement les présentes. » (1).

Ainsi, Messieurs, les anciennes coutumes de Toulouse, bien que
fortement imprégnées de traditions romaines, n'étaient pas toujours
conformes au Droit romain, dans les matières les plus importantes
réglées par ce Droit, telles que l'état des personnes, la capacité des
femmes, les droits de succession des filles dotées, la gestion des
tuteurs et curateurs, les garanties des pupilles. Les mœurs locales,
venant des origines les plus anciennes de la famille, ou nées d'intérêts et d'influences qui se sont développées au moyen-âge, ont
plusieurs fois produit dans les coutumes de la Cité de notables et
même de funestes exceptions aux règles du Droit civil de Rome.
Mais à mesure que la civilisation grandira sous la double puissance
du Droit romain et du Christianisme, ces exceptions s'évanouiront,
comme on vient de le voir dans l'ordonnance, un peu prolixe, mais
caractéristique, sur l'exercice des tutelles et curatelles. — Et, à
cet égard, s'est produit ce fait singulier, que dans l'année où le
texte des anciennes coutumes de Toulouse venait d'être solennelle-
ment confirmé, il n'était déjà plus, sur la demande même des
Consuls, qu'une *lettre morte*, et remplacée dans plusieurs titres,
en faveur des mineurs, par une ordonnance empruntée surtout à la
sagesse des lois romaines : tant l'empire du *vrai Droit*, de celui
que votre honorable président a si bien défini avec la langue philoso-
phique de Cicéron, est soudain quelquefois et irrésistible (2) ; — tant la
vérité est puissante pour traverser d'un de ses rayons les coutumes
positives les plus anciennes, qui avaient pour elles l'habitude des

(1) Voir le texte de l'*arrestum Sane* dans Casaveteri, f° 70, 74.

(2) Discours de M. CAZE (séance du 20 décembre 1854) : Assentior ut quod rectum,
verum quoque sit.... (Cicer. *de Leg.*)

siècles, mais auxquelles manquait le principe de ce Droit, que saint Thomas d'Aquin appelait en même temps, dans le beau langage de la philosophie chrétienne, le *Droit naturel* et *divin* (1).

Dans ces premières études sur les coutumes de Toulouse, nous avons cherché à nous faire des idées exactes, à recueillir des résultats précis sur les traditions romaines, en les considérant successivement — et dans leurs *origines* diverses, soit avant, soit après la législation de Justinien, — et dans les *limites* posées par les usages locaux et indigènes.

Portons maintenant nos regards sur les dispositions ou les coutumes qui appartiennent à l'ordre féodal.

§ IV.

Esprit du Droit féodal à Toulouse.

Les anciennes Coutumes de Toulouse contiennent peu de dispositions relatives au Droit purement féodal. — Nous en avons donné, dans les préliminaires, la raison générale, tirée de la persistance et de la prédomination de l'élément municipal, du pouvoir de la Cité. Mais on en trouve aussi une raison particulière et importante dans le texte lui-même des Coutumes, l'art. 1er de la 4e partie, sur la compétence des juges : c'est la distinction établie entre la juridiction des consuls de Toulouse et la juridiction des seigneurs féodaux. Toutes les fois qu'il s'agit de *propriété féodale*, et que l'*exception* de féodalité est présentée, les Consuls sont obligés (art. 1er) de renvoyer les parties devant le Seigneur du fief. Ils ne peuvent retenir la cause, en 1re instance, que dans le cas où des questions de succession ou de convention s'y trouvent mêlées et en font des *causes mixtes* (2). — Ils n'avaient pas dès-lors à s'occuper habituellement de jurisprudence féodale, proprement dite ; et comme c'est surtout par l'exercice de la juridiction que les anciennes Coutumes se sont formées, maintenues ou modifiées, il n'est pas étonnant que sur le nombre total de 48

---

(1) SUMMA THOMÆ, cap. *de Legibus*. (V. l'Analyse de M. Bressoles, dans le Compte-Rendu de l'Académie.)

(2) *Cout.*, liv. IV, tit. 1er, 1.

titres et 155 articles, un seul titre et 18 articles seulement s'occupent des fiefs ou des droits féodaux (1).

Pour se rendre un compte fidèle de l'esprit du Droit féodal dans le pays, il convient donc d'interroger aussi quelques documents en dehors du recueil de 1285.

Les relations féodales, dans les usages toulousains, reposaient sur la réciprocité des *obligations* entre les seigneurs et les vassaux. Les anciens registres de la Chambre des Comptes, à Paris, avaient conservé des titres particuliers contenant la formule de contrat observée par les comtes de Toulouse à l'égard des vassaux qui leur prêtaient serment de fidélité :

« Nous, Comte de Toulouse, recevant de vous N..., aveu, recon-
» naissance de fidélité et hommage pour les susdits fiefs, dans la
» forme prescrite, Nous vous promettons de défendre de bonne foi,
» tant votre personne que les dits fiefs, et tous les droits qui y tiennent,
» contre tout agresseur qui voudrait y porter injustement atteinte. » (2)
C'est l'esprit de la seigneurie féodale exprimée dans le Nord, en ces termes, par Beaumanoir : « Li sires doit autant foi et loialé à son home que li home fet à son seigneur » (3). — Les fiefs et les hommages avaient, par leur nature, des caractères communs, qui devaient se retrouver au Nord et au Midi de la France; et, d'ailleurs, les comtes de Toulouse, au milieu du xiᵉ siècle, étaient investis d'une dignité qui devait favoriser les rapports de jurisprudence féodale : ils étaient COMTES PALATINS. Ducange cite deux chartes de 1056 et de 1063, tirées du Cartulaire de Moissac, où cette qualité de *Comes palatinus* était donnée au comte de Toulouse : « Dei gratia, Poncius *Comes pala-tinus* (1056); — Mei seniores ac *palatini comites* Poncius et ejus

---

(1) Tit. 1ᵉʳ du liv. IV. Je ne compte pas dans cette classe le titre IV, malgré son titre *de hommagiis*, parce qu'il ne s'applique qu'à la servitude de *corps* et que les serfs appartenaient aux bourgeois et roturiers aussi bien qu'aux nobles. — La preuve, au surplus, de la grande part que l'on doit donner à la juridiction des Consuls sur la formation des Coutumes de Toulouse est dans le premier livre, entièrement consacré aux formes de procédure et aux jugements.

(2) Nos dictus Comes recipientes dictam confessionem et recognitionem fidelitatis et hommagium a vobis dicto N... pro prædictis feudis in forma præsenti, promittimus vobis quod tam personam vestram quam dicta feuda et omnia jura quæ in eis habebis contra quoslibet molestatores qui super hoc eis injuriari voluerint, bona fide deffendemus. (Texte dans Ducange. Dissertat. XIVᵉ sur l'hist. de saint Louis, p. 221.)

(3) *Cout.* de *Beauvoisis.* par Beaumanoir, ch. 58.

3

filius Wilielmus (4063). Une médaille de Raymond, citée aussi par Ducange et Catel, porte : *Dux*, *Marchio*, COMES PALATII (1). A ce titre, les comtes de Toulouse avaient, dans le palais du roi de France, le droit de juger les causes importantes qui étaient déférées au Roi ; et *ils exerçaient dans leur comté*, dit Ducange, *toute la justice qui était attribuée à leur titre* (2). Ils pouvaient donc reporter dans leurs domaines, dans leurs chartes, dans leurs décisions, quel-ques-unes des règles empruntées à la jurisprudence féodale de la Cour du roi. Là aussi pourrait se trouver une des racines les plus pro-fondes de cette antique cour du Parlement de Toulouse, qui paraît contemporaine du Parlement de Paris. Le comte de Toulouse étant Comte du palais, la justice a dû être organisée à Toulouse comme à Paris, quand le Roi lui-même est devenu Comte de Toulouse. — Quoi qu'il en soit de ce dernier point, qui aurait besoin d'une discussion spéciale, il est certain que l'exercice des fonctions de *Comte du Palais* a dû produire des rapports de jurisprudence féodale entre Paris et Toulouse ; et le jurisconsulte-coutumier BRODEAU, si favorable à l'universalité de la Coutume de Paris, n'a pas manqué de dire, dans son commentaire, que « les anciennes coutumes de Toulouse étaient » conformes à l'ancienne coutume de Paris, pour *ce qui est des* » *fiefs* » (3). — Mais, dans cette assertion trop générale, il oubliait que, si le comte de Toulouse était comte du palais à Paris et chef de la cour féodale dans son comté ; à Toulouse même, la cour féodale était composée des consuls présidés par le comte ou son viguier, *coram consulibus et vicario* comme le disent les anciennes coutu-mes au sujet de la Cour du comte (4) : *la Cour féodale*, à Toulouse, était encore par conséquent une sorte de *Cour des Bourgeois*, et lors-qu'elle statuait en appel ou par voie de recours sur les causes féodales, nées dans le ressort de la *viguerie* de Toulouse, elle devait conserver son caractère propre ; elle devait porter au sein de la cour du comte les traditions romaines et l'esprit judiciaire des consuls ou des bour-geois. — Il ne faut donc pas trop s'attacher, avec le savant disciple

(1) Ducange, XIVᵉ dissertat. sur l'hist. de saint Louis, p. 232. — Catel, *Histoire des comtes de Toulouse*, liv. I, ch. 3.

(2) Ducange, id. id. p. 233.

(3) Brodeau, *Cout. de Paris* ; comment., tom. Iᵉʳ, p. 26.

(4) *Cout. Toul.*, liv. IV, tit. 1ᵉʳ, art 1. La *Cour féodale* est appelée aussi *Cour du comte* : ce sont deux expressions synonymes.

de Dumoulin, à la présomption de similitude entre le Droit féodal de Paris et celui de Toulouse.

Nous avons à signaler, en effet, de graves différences.

La patrimonialité des fiefs, qui est un grand principe reconnu, du XIIᵉ au XIIIᵉ siècle, dans la France du Nord et du Centre, n'est pas encore pleinement appliquée dans les coutumes de Toulouse approuvées en 1285 : le principe de l'*emphytéose romaine*, qui laissait subsister le droit de propriété sur la tête du concédant, avait passé dans deux dispositions de ces coutumes : 1° le seigneur n'était pas tenu de recevoir pour son feudataire le détenteur du fief qui n'avait point payé le *pax*, c'est-à-dire les lods et ventes; 2° lorsque le fief avait été l'objet de deux ventes successives, la première *sans le consentement du seigneur* mais avec mise en possession réelle de l'acquéreur, — la seconde, *avec le consentement du seigneur* sans prise de possession, c'est la *seconde vente* qui prévalait dans la jurisprudence féodale de Toulouse nonobstant la possession, et malgré la règle contraire admise dans les Coutumes pour les *ventes successives* des autres biens (1). C'était le droit de l'emphytéose romaine qui avait prévalu, sous ce rapport, dans la jurisprudence féodale des Consuls.

Mais là s'arrêtait l'influence traditionnelle de l'emphytéose; et, dans les Coutumes toulousaines, le droit de propriété, du reste, était sanctionné de la manière la plus absolue en faveur des acquéreurs de fiefs et de censives.

Ainsi, le défaut de service des *oblies* ou redevances n'entraînait point la *commise* ou confiscation du fief; il y avait seulement obligation de payer les redevances arriérées (2).

Ainsi, la Coutume n'admettait point, en faveur du seigneur direct, le droit de *prélation*, en d'autres termes, le *retrait féodal et censier*, qui formait l'usage général de la France (3). Elle avait, à cet égard, un caractère original bien plus favorable à l'esprit de liberté civile et de propriété parfaite que le droit commun du moyen-âge. Cette exclusion du retrait féodal et censuel, pratiquée non seulement

(1) *Cout.*, liv. IV, 1, 3.

(2) *Cout.* IV, tit. 10. Il y avait obligation de payer les redevances sans prescription de 3 ou même de 30 ans, en faveur du débiteur.

(3) *Cout.*, liv. IV, I, 9.

dans le *gardiage*, ressort de la Cour des consuls, mais dans toute la *viguerie* de Toulouse, ressort de la Cour du viguier, fut suivie dans l'usage de la ville de Cahors (1) : ce sont les deux seules Coutumes, chose remarquable, qui maintinrent dans toute son énergie le *droit d'aliéner les fiefs et les censives* comme les autres biens, sans que le seigneur eût la faculté de briser le contrat de vente pour ressaisir la terre et la réunir à son domaine, au prix du contrat, ou pour se choisir, au même prix, un autre tenancier. Les consuls de Toulouse, jugeant comme Cour féodale, avaient par là rejeté les conséquences exagérées que les chartes et coutumes, dans d'autres parties de la France méridionale, avaient déduites de la loi de Justinien sur le droit de préférence ou de *prélation* accordé au propriétaire direct, lorsque l'emphytéote voulait vendre les *améliorations* du fonds emphytéotique (2).

Cette plénitude du droit de vente, qui assimilait l'aliénation d'un fief à celle de tout autre bien, devait conduire au droit de *franc-fief*, c'est-à-dire au droit du *bourgeois* ou *roturier* d'acquérir et de posséder librement un fief, sans avoir à se faire relever par le roi, en lui payant une somme comme suzerain, de *l'incapacité personnelle* de posséder des biens nobles : aussi le droit de *franc-fief* fut-il reconnu de bonne heure à l'égard des citoyens de Toulouse. Lorsqu'il apparaît dans les annales du XIVe siècle, il est déjà réputé ancien : en 1353, par exemple, défense est faite par le comte d'Armagnac, gouverneur du Languedoc, au receveur des deniers du roi, de contraindre les *habitants de Toulouse*, acquéreurs de fiefs nobles, à payer aucune finance, et cette défense est faite *suivant les immunités de la ville* (3) ; de même, les lettres-patentes de Charles VII, de 1419, ne font que *confirmer* expressément *l'ancien privilége de franc-fief* (4).

L'esprit de liberté civile qui affranchissait les fiefs et les censives de

(1) Pons Ier, ou *Raymond Pons*, posséda avec le comté de Toulouse et la suzeraineté sur le comté de Carcassonne, les comtés de *Cahors* et d'Albi. Son testament de 940 est rapporté par Mabillon. *de Re diplomatica.* Cahors pouvait donc adopter l'usage de Toulouse, puisqu'il y avait même pouvoir.

Les *Fors de Béarn* ont une disposition analogue en apparence, mais très différente en réalité.

(2) *Cod. Just.*, lib. IX, tit. 66, 3.

(3) *Annales de Toulouse*, Lafaille, 1383, tome Ier, p. 94.

(4) *Annales*, Lafaille, 1119, I, p. 173.

la loi commune du retrait féodal et censier, et les possesseurs non nobles, de l'obligation de payer le droit de *franc-fief*, devait, à plus forte raison, se retrouver en plein exercice, lorsqu'il s'agissait de la liberté générale des héritages, ou du *franc-alleu*.

Le principe romain de la libre propriété du sol formait le droit de toutes les contrées de la Gaule narbonnaise : « *Nostri juris sunt, quæ in proprietate nostra esse noscuntur,* » — « *Omnia prædia censentur libera, nisi probetur servitus;* » c'était la règle de droit naturel également consacrée par le Code d'Alaric, *Epitome* de Gaius, et par le Code de Justinien (1). Ce grand principe avait résisté à la féodalité dans les provinces méridionales et engendré la maxime *nul seigneur sans titre* (2). C'est celui qui séparait le plus profondément, dans le droit féodal, les provinces méridionales des autres contrées de la France, où régnait la maxime opposée *nulle terre sans seigneur.* — Il ne faudrait pas croire toutefois qu'il y eût, à cet égard, une distinction correspondante à celle qui sépara la France en deux zones, *pays de droit écrit,* — *pays de droit coutumier;* le franc-alleu se retrouvait dans plusieurs provinces des pays de coutumes; et nous demandons ici la permission d'embrasser, d'un coup d'œil général, les diverses origines, les diverses applications du franc-alleu, afin de bien saisir toute l'importance de cette haute protestation de la liberté civile contre l'esprit envahisseur de la féodalité.

Les pays de franc-alleu, dans l'ancienne jurisprudence française, me paraissent devoir se distribuer en quatre divisions :

1º Les pays de *droit écrit,* comme le Dauphiné, certaines parties de la Bourgogne, la Provence, le Languedoc, la Guienne, qui avaient conservé, avec certaines différences, la tradition du Droit romain ;

2º Les pays de *coutumes mixtes,* savoir : la Saintonge, le Poitou, l'Orléanais, au sein desquels l'influence des lois romaines s'était mêlée aux usages locaux par des causes particulières, — de *situation* pour la Saintonge et le Poitou compris dans l'Aquitaine, — *d'enseignement juridique* au moyen-âge, pour l'*Orléanais,* où fleurit de

---

(1) Lex romana Visig. ; — Epitome Gaii, tit. 9, p. 21, édit. de 1593. — II, 1. Ed. Haënel, p. 323 ; — Cod. Just., *de servit.,* l. 8 ; — *Vide* Gothof. *ad legem.*

(2) V. mon tome IV, liv. 6, p. 417.

bonne heure l'enseignement du Droit civil romain, enlevé à l'Université de Paris par la décrétale *super specula* (1) ;

3° Les pays de *droit coutumier*, habités primitivement par des peuples gaulois qui, lors de la conquête romaine, avaient obtenu le titre de *peuples libres* ou *alliés*, et qui furent autorisés en conséquence à jouir de leurs usages nationaux : Pline l'Ancien nous indique les principaux sous les noms de *Nervii*, *Remi*, *Meldi*, *Lingones*, *Hedui*, *Bituriges*, *Arverni* (2); et c'est précisément dans les contrées qui répondent au territoire de ces anciens peuples que se sont maintenues, en pays coutumier, les Coutumes allodiales. L'alleu se trouve, en effet, dans les Coutumes du Hainaut (*Nervii*), dans les Coutumes de Champagne, Troyes, Châlons, Chaumont, Vitry, Reims (*Remi*); dans les Coutumes de Meaux (*Meldi*), de Langres (*Lingones*), de Bourbonnais et d'Auxerre (*Hedui*), du Berry et du Nivernais (*Bituriges*), de l'Auvergne (*Arverni*);

4° Enfin, les provinces de *droit coutumier* habitées par des peuples gaulois, éloignés du centre de la conquête germanique, comme le Maine et l'Anjou, mais en exceptant la *Bretagne*, et nous dirons tout à l'heure pourquoi.

C'est donc, d'après cet aperçu, la tradition romaine qui aura fondé le franc-alleu dans les pays de droit écrit et de droit ou de coutumes mixtes, — et la tradition gallique qui aura fondé, dans certains pays de droit coutumier, les coutumes réputées allodiales.

A l'égard des pays de Droit écrit et de Coutumes mixtes, cela ne peut être douteux, puisque le droit libre de propriété, le *Dominium*, la *plena potestas in re*, est un principe fondamental dans les lois romaines des différentes époques.

Quant à certaines provinces de Droit coutumier, l'usage celtique de l'alleu, attesté par les lois galloises de Hyveldda (Hoël-le-Bon) et par les traditions les plus anciennes du pays de Galles (3), a dû se continuer précisément chez les peuples de la Gaule, autorisés à conserver leurs usages territoriaux. Cette concordance des peuples *libres*

(1) Honorius III, année 1220 (v. mon tom. 4, p. 330-339).
(2) PLINIUS, *Hist. nat.*, IV, 17, 18, 19.

Pline ajoute *Santones* (les Santons) que nous ne nommons pas ici, parce que la Saintonge est classée par nous dans les pays de *Coutumes mixtes*; et les *Carnuti*, dont le pays a subi l'action du voisinage de Paris, ou se confond quelquefois avec les usages de l'Orléanais.

(3) Wotton, *Leges Wallicæ*. — Glossar. v° *Aelwyd*. — Voir mon tome II, p. 110.

et *alliés*, admis à jouir de leurs usages pendant l'époque *gallo-ro-maine*, avec les peuples et les pays coutumiers, qui ont conservé au moyen-âge la pratique du *franc-alleu* malgré l'action si puissante de la féodalité, ne peut être un effet du hasard; elle constate la filiation et la perpétuité des anciens usages de la Gaule sur le principe de la libre propriété.

A la vérité, et nous nous empressons de le reconnaître, l'alleu exis-tait également dans les lois et les mœurs germaniques; c'est un point indubitable, et l'on trouve ainsi plusieurs usages originairement com-muns aux Germains et aux Celtes, qui formaient deux branches de la famille indo-européenne. Mais dans les provinces du Nord de la France, occupées plus spécialement par les Germains, l'alleu d'origine germanique a disparu sous la domination progressive de la féodalité, qui naissait et des mœurs germaniques elles-mêmes et de l'état de conquête : là le fief dominant a fini par attirer et engloutir l'alleu. — Au contraire, dans les provinces, qui, par privilége national ou à cause de leur situation, avaient conservé l'alleu *d'origine gallique* et qui furent moins soumises aux effets de la conquête des hommes du Nord, l'alleu gallique ou gallo-romain s'est conservé. Il a pu même, par loi d'analogie, se fortifier des usages de même nature que pra-tiquaient les Germains établis sur le sol gallo-romain; et par cette double action l'alleu celtique, qui avait toute la persistance d'un ancien usage de peuple et de territoire et que rien n'avait contrarié pendant l'époque gallo-romaine, a traversé l'époque franque et l'époque féodale. Il y eut donc, en définitive, dans les coutumes du moyen-âge, entre l'alleu d'origine germanique et l'alleu d'origine gallique ou gallo-romaine, cette différence de destinée (signalée par nous déjà dans notre 4e volume), que dans les provinces où les Germains prédominaient, non-seulement par la conquête mais par le nombre des habitants, la féodalité prit le caractère absolu et absorba les alleux dans les fiefs et les censives; mais que, dans d'autres provinces, où les Germains s'éta-blirent en moins grand nombre et laissèrent aux usages locaux plus de force et de libre exercice, les alleux persistèrent, et les coutumes, au lieu d'être purement féodales, retinrent en même temps le caractère *d'allodialité*.

Dans l'ensemble de ces résultats, en ce qui concerne la permanence de la tradition celtique, une seule, mais une grande exception est à remarquer, c'est celle de la Bretagne, la province la plus éloignée du

centre de la conquête et de la domination germanique. Les traditions
celtiques y conservèrent une vitalité puissante, et les alleux cependant
n'y furent point protégés par ces traditions. Deux causes historiques
expliquent cette disparition des alleux du sol breton : 1° l'usage des
domaines congéables qui s'établit dans la basse Bretagne, aux V° et
VI° siècles, lors de l'émigration des fugitifs du pays de Galles, reçus
en qualité de *colons* sur une grande étendue de terres à défricher, les
quelles devinrent des *domaines congéables* ou de véritables *censives* (1); — 2° l'extension que la féodalité prit en Bretagne avec les
assises du comte Geffroy, à la fin du XII° siècle (1185). Les vestiges
des anciens alleux s'effacèrent sous l'empire de ces causes permanen-
tes; il n'en resta que le nom dans certaines parties du territoire (2);
et le pays, où la maxime *nulle terre sans seigneur* eut l'effet le plus
absolu, fut certainement la province de Bretagne.

Le Languedoc et la Bretagne forment, sous ce rapport, les deux
pôles opposés dans l'histoire du Droit français.

Les anciennes Coutumes de Toulouse (auxquelles je suis ainsi ramené) maintinrent pour tous les héritages le principe de la propriété
allodiale ou libre, s'il n'y avait pas de *titre contraire*. Ce principe
toutefois n'y était pas formellement exprimé; les anciennes Coutumes
le supposaient comme un principe général de droit public et privé.
Mais en l'admettant tacitement, elles venaient équitablement au secours des seigneurs qui avaient pu perdre leurs titres : elles obli-
geaient chaque feudataire, sur la réquisition du seigneur, *de qui le
fief était tenu*, d'exhiber ses titres et de donner des extraits ou
copies de tous les actes qu'il pouvait avoir touchant les fiefs possé-
dés (3). Cette disposition spéciale consacrait bien la règle qu'il n'y
avait pas *de seigneur sans titre*, et que le prétendu seigneur ne
pouvait, pour ses droits féodaux, suppléer au titre par la simple
possession ou par une règle coutumière; mais, en même temps, elle
était utile aux seigneurs qui, dans le désordre des guerres du moyen-
âge, avaient perdu leurs archives. — Le domaniste Galland, le grand
adversaire des alleux du Midi au XVII° siècle, avait étrangement abusé

(1) Voir mon tome II, p. 117.
(2) Voir dans le Dictionnaire breton d'Ogée les noms de quelques communes qui s'ap-
pellent l'*Alleu* ou l'*Alliou*.
(3) *Cout. de Toul.*, liv. IV, tit. 1er, art. 2, p. 5.

de cette disposition dans son Mémoire. Il avait voulu en induire que toute terre était un fief si le possesseur ne *justifiait pas du contraire par un titre*, et que les anciennes Coutumes de Toulouse excluaient le franc-alleu ! C'était, par une induction forcée et fausse , dénaturer le sens d'un texte qui s'appliquait expressément au feudataire dans ses rapports avec le seigneur duquel *il tenait le fief*, chose qui devait être établie , soit par un *titre*, soit par *l'aveu* du feudataire, selon les termes formels que je trouve dans le 16° des articles réservés (1) ; c'était méconnaître hardiment une règle d'équité attestée , dans l'application , par les traditions séculaires du pays, et bien propre , au surplus , à concilier dans une juste mesure les droits respectifs des seigneurs et des vassaux (2).

Un obstacle , à la vérité très sérieux, s'était élevé au moyen-âge, dans une partie du Languedoc, contre le principe de l'allodialité : c'était l'établissement des *Lois de Simon de Montfort*, après la conquête de l'Albigeois. J'aurai à déterminer ailleurs les véritables effets de ces lois sur le droit méridional ; cela me conduirait ici à une trop longue digression. En ce qui concerne les anciennes coutumes de Toulouse, il suffit de constater que les lois de Simon de Montfort ne furent point imposées à la cité, et que dans le serment prêté par Simon de Montfort et son fils à Toulouse même, en présence des Consuls et du Conseil commun, le 8 mars 1215 (serment nié par Catel et retrouvé par Lafaille aux archives) Montfort se disant « par la grâce de Dieu, duc de » Narbonne, comte de Toulouse, vicomte de Béziers et de Carcassonne, » jura de garder en sa foi et de défendre par toutes voies de justice

---

(1) Casaveteri, f° 66, au verso *in fine* :

« Si aliquis feudatarius vel tenens feudum *confiteatur* se debere servire *oblias* nummorum domino dicti feudi pro dicto feudo, et non inveniantur *aliqua instrumenta* vel *translata* in quibus donationes dicti feudi expressentur, dictus feudatarius vel tenens feudum debet dare et servire dicto domino feudi, quando evenerit retroaccapita *in duplo* dictarum obliarum et alias directas dominationes, uti evenerint prout superius expressantur. »

C'est à la peine du *double* que s'applique la *réserve* royale , ainsi qu'il résulte des articles précédents , et non au mode de preuve, c'est-à-dire , l'instrument par écrit ou l'aveu (*si confiteatur*).

(2) Sur les faits traditionnels depuis les temps anciens jusqu'aux temps modernes, voir :
Domincy, *de prerogativa allodiorum* ;
Catelan , arrêts, liv. 3, c. 2.
Cambolas , arrêts , liv. 4, c. 45.
Caseneuve, franc-alleu. — Réponse à Galland.
Furgole , Traité du franc-alleu.

» l'Eglise toulousaine et tous les citoyens de Toulouse en *leurs per-*
» *sonnes* et *leurs propriétés*, *in personis et rebus* » (1). Et, par
conséquent, les lois spoliatrices qui pesèrent sur l'Albigeois et le pays
de Carcassonne, n'eurent pas d'empire, même un seul jour, à Toulouse dont les murs, quatre ans après le serment prêté dans leur enceinte, virent la défaite et la mort du Comte usurpateur :

> A ce moment prédit où le Ciel désarmé
> Condamna l'oppresseur, releva l'opprimé,
> Bénit des Toulousains la longue résistance,
> Et rétablit leur Comte enfin dans sa puissance (2)......

Le chantre de l'*Epopée Toulousaine*, que l'Académie de Législation
a placé à sa tête par ses suffrages, pardonnera cette citation à l'Histoire
du Droit, lui qui a su entendre et redire les accents de la muse épique
au milieu de l'éclat du barreau.

Je reviens à mon langage et aux coutumes :

Si les coutumes approuvées en 1285 étaient aussi favorables que
possible à la liberté du sol et des héritages, il n'en était pas ainsi,
Messieurs, à l'égard de la liberté des personnes.

Le servage *de corps* est maintenu par les Coutumes approuvées,
sous le titre *de hommagiis* (3).

Le citoyen de Toulouse, chevalier ou bourgeois, peut avoir des
hommes de corps : *Si aliquis miles seu burgensis, civis Tolosæ...*
hominem suum proprium de corpore... (4). Celui qui avait un homme
de corps en possédait au même titre les enfants, bien qu'ils fussent
nés d'une *mère libre* : les enfants (fils ou filles) suivaient la pire condition (5). L'homme de corps transmettait sa condition servile à ses
enfants et descendants (6). Le maître avait le droit d'imprimer aux
serfs le stigmate de l'esclavage romain, le plus ignominieux, puisqu'il
avait le droit de marquer par le fer son homme de corps fugitif : « Si

---

(1) Le texte du serment est dans Lafaille, *preuves*, tom. 1er, p. 124.

(2) L'ÉPOPÉE TOULOUSAINE, par M. Florentin Ducos, poème en 24 chants, avec des
notes historiques, 2 vol. (1850). C'est un monument de poésie et d'histoire qui honore
le pays où la poésie trouve encore un culte fidèle.

(3) *Cout.*, liv. IV, tit. 4.

(4) *Cout.*, IV, 4, 5.

(5) *Cout.*, id., id., art. 3.

(6) *Cout.*, art. 1 et 3. Si homo de corpore... filiis suis vel nepotibus qui sibi in eadem
succedunt conditione.

illum hominem ceperit aut *marcabit* , » dit la Coutume , et le vieux commentateur Casaveteri met en note *cum ferro* vel *alio instrumento*, sicut *de animalibus* (1).

Le roi Philippe-le-Bel approuva ces dispositions rigoureuses des anciennes coutumes sur la servitude personnelle ; mais, du moins , il plaça parmi les articles réservés l'ancien usage gallo-romain, attesté par Salvien au V⁰ siècle, de se vouer, avec ses biens et avec toute sa famille présente et future , à l'état de servitude (2). La disposition qui constate la coutume pratiquée à Toulouse *jusqu'en* 1285 , est ainsi conçue : « Tel est l'usage à Toulouse et dans le gardiage (*dex*) ; si quel-
» qu'un a confessé, reconnu ou concédé qu'il est l'homme de corps et de
» glèbe (*de corpore* et *casalegio*) d'un citoyen, ou son homme soit de
» corps, soit de glèbe seulement ; — ou bien , s'il s'est donné pour
» l'homme d'un citoyen de Toulouse et de sa famille , lui et toute sa
» progéniture, et s'il a donné sa chose, ses biens, ses droits, pour en
» faire selon sa volonté, et qu'il ait fait aussi aveu et reconnaissance
» pour lui et sa famille à naître, dans la paroisse ou hors de la paroisse
» et en tous autres lieux, il devient par charte publique, avec toute sa
» progéniture, *homme-lige* et *propre* de ce citoyen de Toulouse , et
» le dit citoyen pourra sur lui, sur ses enfants, sur leur progéniture
» et descendance, exercer droit de taille ou de *quête* (*quæstare*) et de
» servitude (*de eis servire*) comme sur ses hommes *propres et liges*.
» C'est la coutume et celle que nous disons être : les libertés et immu-
» nités, les usances et coutumes de la ville de Toulouse , de ses
» faubourgs et banlieue et de tous ses citoyens , devant, au surplus ,
» rester sauves et perpétuelles. »

Et ainsi, c'était dans le même texte de Coutume, où le droit de renoncer à la liberté pour soi et toute sa race se trouvait formellement reconnu , que les Consuls réservaient *les libertés et immunités* de tous les citoyens de Toulouse ; immunités et libertés qui ne les empêchaient pas d'avoir des serfs , des hommes de corps voués à une servitude perpétuelle et ignominieuse. Ce n'est pas le beau côté des coutumes toulousaines. — La servitude, au surplus, ne cessa dans le pays

---

(1) *Cout.*, liv. IV. titre 5, et *Casaveteri*, *ad notam de immunitatibus civium Tolosæ*.

(2) Salvianus , de Gubernatione Dei, lib. 5, c. 8, n° 9 :

Cum domicilia atque agellos suos, fugati ab exactoribus, deserunt , fundos majorum expetunt et *coloni* divitum fiunt. (Voir mon tom. II, p. 441 , mon tom. III, p. 410. — Casaveteri , *de homagiis* , f° 67.

que par suite des lettres-patentes données par Charles VI, en avril 1390, lesquelles déclaraient libres et affranchis de toute servitude tous les *manants* et *habitants* de la sénéchaussée de Toulouse et d'Albi, tant pour leurs personnes qu'à l'égard de leurs héritages et possessions, en payant *un sou tournois* pour chaque arpent de terre (1).

Les anciennes coutumes, dures envers les serfs appartenant aux citoyens, étaient généreuses, du moins, à l'égard des étrangers et en faveur de leurs serfs. Elles ouvraient la Cité à toute personne qui, demeurant dans un bourg, un village et autres lieux, avait déclaré son intention de l'habiter, en disant : « Je veux entrer à Toulouse, et me » faire citoyen de Toulouse, *ego volo intrare in Tolosam et facere* » *me civem in Tolosa.* Si cette personne, faisant route pour la ville, » était arrêtée ou détenue par quelqu'un, les Consuls et la communauté » de Toulouse devaient la réclamer, la prendre sous leur protection, » et si elle était captive, la recouvrer avec tous ses biens, comme s'il » s'agissait d'un citoyen (2). »

La disposition, qui se trouve dans les coutumes *approuvées*, mettait à ce droit d'acquérir la bourgeoisie une seule restriction, contre le serf que son maître, citoyen de Toulouse, aurait arrêté ou *marqué* en route (3); celui-là ne pouvait pas jouir du privilège de citoyen. Mais les coutumes *réservées* reconnaissaient le droit d'asile et de cité, sans aucune restriction, à l'égard des serfs étrangers qui étaient parvenus jusqu'à Toulouse : « C'est l'usage et coutume, dit un des articles non » approuvés en 1285, que les hommes venant à Toulouse pour y ha- » biter et y *habitant*, de quelque contrée qu'ils viennent, *bien qu'ils* » *aient des maîtres*, peuvent et doivent rester ici libres de leurs » maîtres (*liberi a dominis suis*), et faire leurs affaires sans récla- » mation, empêchement ni contradiction ; et les dits maîtres ne peu- » vent ni ne doivent contraindre (*fortiare*) les hommes habitant aussi » dans Toulouse ou dans la banlieue (*in barriis*), à raison ou à l'oc- » casion de leur puissance et propriété (4). »

Le roi de France appliqua la formule *non placet vel deliberabimus* à ce droit d'asile général, en faveur des esclaves et des serfs fugitifs ;

(1) Lettres-patentes, Archives (liasse V, indiquée par Lafaille, 1, p. 144.)
(2) *Cout.*, liv. IV, tit. 5.
(3) *Cout.*, id. ibid.
(4) Consuetudines non approbatæ, Casaveteri, fº 67, art. 18.

mais la coutume existait, et la réserve royale ne put l'effacer de l'opinion des peuples et des usages de la cité. Toulouse protégea toujours
avec énergie les esclaves fugitifs, et défendit, avec leur liberté, son
ancienne prérogative. Les annales de la Cité en ont conservé le témoignage authentique, qu'il n'est pas inutile de rapprocher des anciennes
Coutumes. En 1402, quatre esclaves s'étaient réfugiés de Perpignan à
Toulouse; leurs maîtres les suivirent et les réclamèrent devant les
Capitouls; le syndic de la Ville intervint dans l'instance, et soutint
que, par un privilége de cette ville, *toute sorte d'esclaves étaient li-*
bres, dès qu'ils avaient mis le pied dans sa banlieue ou gardiage; les
Capitouls jugèrent *conformément à l'usage* (1). — En 1406, une fille
esclave, âgée de vingt ans, d'une beauté extraordinaire (disent les Annales), se réfugia aussi de Perpignan à Toulouse, et se plaça sous la
sauvegarde des Capitouls. Sa maîtresse la réclama; le gouverneur du
Roussillon, pour le roi d'Aragon, écrivit aux Capitouls une lettre qui
mêlait la menace aux prières. Les Capitouls opposèrent leur antique
privilége, et les Catalans offrirent vainement à la cité 50,000 florins
d'or pour en racheter l'application (2). — En 1443, les Catalans, s'ap-
puyant sur quelque clause équivoque d'un traité passé, en 1417, entre
le roi de France et celui d'Aragon, au sujet des *représailles*, firent
assigner les Capitouls de Toulouse, pour se voir faire défense de se
servir du privilége d'affranchissement; mais le parlement de Paris,
devant lequel la cause fut portée par les Capitouls contre le *procureur*
du Principat de Catalogne, maintint la Ville en jouissance de son
privilége (3). Le parlement de Toulouse promis en 1250 à la cité par
saint Louis, en souvenir peut-être et en échange de la dignité de comte
du palais qui avait appartenu aux anciens comtes, — établi en 1302,
par Philippe-le-Bel, au moment où le parlement de Paris était déclaré
sédentaire, — confirmé en 1419 par des lettres-patentes (4), reçut,
après quelques intermittences, sa dernière institution royale en 1444,
époque à laquelle commence la collection, actuellement existante, de
ses registres; et c'est dans l'année suivante, en 1445, que LA COUR,
vérifiant et enregistrant le *traité des représailles*, consigna sur son
premier registre les *réserves les plus expresses* pour maintenir le pri-

(1) *Annales de Lafaille,* 1, p. 156.
(2) Annales, 1, p. 183.
(3) Annales, 1, p. 203-204.
(4) Catel, *Mém. du Languedoc,* a donné au long ces lettres-patentes.

vilége relatif aux esclaves : « A l'égard de l'usage et privilége de la
» ville de Toulouse (y est-il dit), concernant les esclaves et captifs
» réfugiés dans cette ville, la Cour ayant vu et examiné les arrêts
» rendus sur ce sujet et qui lui ont été exhibés, tant par le procureur
» général que par le syndic de cette ville, a déclaré et déclare *qu'elle*
» *n'a point obtempéré, ni n'obtempérera* pour ce regard ; ordonne,
» au contraire, que les dits arrêts demeureront en leur force et seront
» exécutés, selon leur forme et teneur. Fait à Toulouse, le septième
» juillet 1445 (1). » Ainsi, messieurs, et ce résultat me paraît digne
de remarque, les Capitouls et les parlements de Paris et de Toulouse,
aux XIVᵉ et XVᵉ siècles, ont maintenu et appliqué l'usage attesté
par la disposition des plus anciennes coutumes, que le roi avait cependant réservée sous la formule *non placet vel deliberabimus.*

Une confirmation expresse fut donnée aussi, dans le XVᵉ siècle,
aux dispositions des anciennes coutumes qui admettaient les étrangers
au rang et à tous les droits de citoyen. Le droit d'aubaine, qui occupe
tant de place dans le droit féodal, était repoussé par l'esprit des coutumes de Toulouse ; et lorsque, dans la plupart des autres contrées de
la France, il avait le double caractère de droit seigneurial et royal, il
fut définitivement exclu de ce pays par les lettres-patentes de Louis XI,
du 20 août 1472. Ces lettres-patentes, qui déclaraient l'exemption du
droit d'aubaine en faveur des étrangers qui habitaient ou viendraient
habiter Toulouse, furent accordées sur la supplication des Capitouls
pour rassurer les étrangers, qui « différaient (disent les lettres-paten-
» tes) de s'établir en la ville, *doubtans* que quand ils y feroient leur
» demeure et acquerroient aucuns biens et héritages, ils n'en pussent
» disposer ni tester, et que, après leur décès, leurs héritiers ou autres
» en fussent privés ou déboutés, et qu'on voulust dire leurs biens à
» Nous compéter (dit le roi) et appartenir comme *aubaines* : c'est
» pourquoi, Nous, ces choses considérées, désirant le bien et entreté-
» nement de notre ville de Toulouse, mêmement que de notre temps
» elle soit repeuplée, restaurée et remise au meilleur et plus convena-
» ble état et prospérité que faire se pourra, à tous les dits étrangers
» natifs hors de notre royaume, qui sont demeurans et qui doréna-
» vant viendront demeurer en notre dite ville de Toulouse, et à chacun

(1) Extrait et traduit du premier Registre du parlement de Toulouse (Lafaille, 1,
p. 204).

» d'eux, avons *octroyé* et *octroyons* par ces présentes qu'ils puissent
» et leur soit loisible tester et disposer de leurs dits biens tant meubles
» qu'héritages, et que leurs dits hoirs, successeurs et autres, auxquels
» leurs susdites successions devront appartenir, par testament ou
» autrement, puissent appréhender icelles successions, tout ainsi
» qu'ils fairoient ou faire pourroient *si iceux étrangers étoient*
» *natifs de notre dit royaume* (1). »

C'était pour Louis XI une disposition bien libérale, mais qui s'inspirait des anciennes Coutumes de Toulouse pour en perpétuer l'esprit.

En dernière analyse, Messieurs, tous ces arrêts et documents, soit
sur les *serfs fugitifs*, soit sur *les étrangers* et le droit d'aubaine,
prouvent la vitalité des anciennes Coutumes : ils prouvent même que
certaines dispositions, non formellement approuvées par le roi en 1285,
étaient restées dans les mœurs, et que la force des usages avait été
supérieure à une réserve officielle qui n'était point une abrogation formelle, une condamnation définitive.

Ceci nous avertit en même temps de l'importance que l'historien
doit attacher aux *vingt articles réservés*, quand il s'agit du Droit
toulousain au moyen-âge.

Nous allons essayer, dans cette dernière partie, d'en déterminer
les caractères, soit en eux-mêmes soit dans leur rapport avec les vues
de la politique royale.

§ V.

Coutumes réservées ou non approuvées en 1285, considérées d'a-
près leur caractère municipal, féodal et civil.

Les Coutumes, non approuvées en 1285, offrent à nos recherches et
à notre curiosité la matière d'un examen qui a l'attrait de la nouveauté,
car les anciens commentateurs des Coutumes de Toulouse, ou se sont
bornés à présenter leur texte seulement, comme *Casaveteri*, ou les ont
complétement omises, comme *Cairon*, *François* et *Soulatges*. De
nos jours, l'honorable *M. Astre* les a mentionnées et en a étudié

(1) Annales de Lafaille, tome Ier, *Preuves*, p. 109, et Caseneuve, *franc-alleu*.

quelques dispositions ; mais il n'entrait pas dans son plan, malheureusement pour vous et pour moi, de les examiner dans leur ensemble et par rapport à l'autorité royale. Or, elles me paraissent dignes d'attention et par les dispositions caractéristiques qu'elles contiennent, et par l'indication que nous y pouvons trouver de l'esprit qui dirigeait la royauté française, lorsqu'elle intervenait dans les coutumes locales, aux approches du XIVe siècle.

Les articles réservés touchent à l'ensemble des Coutumes de Toulouse : leur vingt dispositions appartiennent à l'ordre municipal, à l'ordre féodal, à l'ordre civil, et c'est en les classant de cette manière que nous allons tâcher de vous en rendre compte.

I. DANS L'ORDRE MUNICIPAL, les dispositions concernent le droit des Consuls, la compétence, la juridiction, et certaines immunités des citoyens de Toulouse (art. 1, 2, 3, 4, 5, 19 et 20).

Le droit des Consuls est placé sous la rubrique remarquable *de origine consuetudinum* ; et c'est en effet le droit, que j'ai indiqué dans les préliminaires, *de déclarer la coutume elle-même :* « l'U-
» sage approuvé et observé *depuis les temps les plus anciens* (dit
» l'article 1er) est que, s'il y a doute sur une coutume dans quelque
» cour de Toulouse (*in aliqua curia Tolosæ*), on doit recourir aux
» Consuls, et l'on doit avoir et tenir pour coutume certaine ce que
» les Consuls, après délibération, affirment être la Coutume de Tou-
» louse, sans qu'il soit nécessaire d'autre preuve. (1) » Rien ne peut
mieux caractériser la suprématie des Consuls de Toulouse. Ils sont
dépositaires des usages de la cité, comme pouvaient l'être, dans les
premiers siècles de Rome, le collége des pontifes, les patriciens, les
prudents, et ils ont le pouvoir de déclarer le droit. L'enquête par *Tur-
be*, usitée dans les provinces de France, ce moyen de recherche
et d'interprétation des coutumes si incertain et si confus, était rem-
placé à Toulouse par cette haute juridiction qui faisait du magistrat
consulaire la loi *parlante et vivante*, comme Cicéron le disait du préteur romain ; mais en 1285, lorsque la coutume, recueillie dans un
texte approuvé par le roi, prenait le caractère d'une loi fixe, ce pou-

(1) Casaveteri, fo 63, consuetudines non approbatæ, art. 1.

voir déclaratif et presque législatif devait paraître exorbitant et cesser son exercice (1).

L'article réservé sur la compétence, de *foro competenti*, est aussi un reflet du vieux droit romain : il prouve que Toulouse, capitale des domaines du comte, avait la même prérogative que Rome, capitale du peuple-roi, d'attirer juridiction. La Coutume porte (art. 3) : « Lors-
» qu'un contrat public d'obligation ou même de vente *d'immeubles*
» était reçu par un notaire de Toulouse et concernait un citoyen de
» la ville, *l'obligé* ou le *contractant* pouvait être *cité* à Toulouse
» même, au tribunal des *Consuls*, et il devait répondre devant eux,
» quel que fût son domicile personnel dans le diocèse, sur les domai-
» nes du Comte ou sur la terre d'un autre seigneur relevant du Comte
» (2). » La juridiction des consuls, à l'occasion du contrat et pour l'exécution de la vente d'immeubles, situés loin de Toulouse, s'éten-dait donc sur tout le comté : le tribunal du Capitole devenait pour tous le *for compétent*. — C'était une application remarquable de l'an-cienne règle de droit romain qui attribuait compétence au magistrat de Rome pour toutes les obligations et ventes contractées à Rome, patrie commune, domicile de droit (depuis l'édit de l'an 212) de tous les citoyens de l'empire (3) ; et la compétence réelle, établie en 331 par l'Empereur Constantin qui donna le droit de connaître des ques-tions de propriété, le *forum rei sitæ*, au juge du territoire, et qui con-somma ainsi la révolution de Dioclétien dans l'ordre judiciaire, n'avait pas prévalu dans les anciennes Coutumes de Toulouse (4). — Philippe-le-Bel voulut faire cesser ce privilége absolu de compétence person-nelle, et il refusa son approbation à l'ancien usage, afin de renfermer la juridiction des consuls dans le territoire de Toulouse, dans les limi-tes naturelles du gardiage, et de donner aux juges du lieu la compé-tence *réelle* en matière de propriété, aux juges du domicile du défen-deur la compétence *personnelle* en matière d'obligation.

Voici encore, dans les articles réservés (art. 5 *de sententiis diffi-nitivis*) une trace visible des mœurs romaines : à Toulouse, lorsqu'une

(1) Ejus est interpretari cujus est condere legem.
(2) Casaveteri, f° 63, *de foro competenti* (art. 3).
(3) Romæ *conveniri potest*, Dig. V, 1, 19. Sidoine Apollinaire dit : in qua unica totius mundi Civitate soli *Barbari* et *Servi* peregrinantur (Epist. I, 6, p. 30, édition Colombet); v mon tom. 2, p. 605.
(4) Constitution de l'an 331, *Cod. Just.*, III, 19 ; voir mon tom. 2, p. 606.

4

publication était faite par le crieur de la ville, d'après l'ordre des consuls, « et qu'un contradicteur se présentait devant eux, les Consuls,
» sans citation ni pétition, entendaient la cause sommairement et
» d'office (*per officium suum summarie*), et de telles sentences, sur
» des choses de cette nature, obtenaient toute leur force et valeur (1). »
N'est-ce pas une image du droit qu'avait le Préteur de juger *de plano*
les causes sommaires portées devant lui, lorsqu'il se rendait au Forum?
Le roi n'approuva pas cette justice trop expéditive.

La police municipale, d'après les anciennes Coutumes, n'était pas
très rigoureuse; elle rendait la fraude facile dans la vente des objets de
consommation ; elle tolérait la licence des mœurs et le recel des bannis
et des coupables. — Ainsi toute personne, autre qu'un revendeur
de profession, pouvait vendre son blé avec des mesures non marquées
et plus petites, sans encourir aucune peine ; et les revendeurs eux-
mêmes pouvaient vendre leur vin à telle mesure et à tel prix qu'ils le
jugeaient convenable (2). Le roi n'approuva pas cet arbitraire, et l'on
sait que les rois de France furent préoccupés de bonne heure de l'idée
d'établir l'uniformité des poids et des mesures. — Le viguier ni aucun
officier ne devait arrêter un homme domicilié, marié ou non, pour cause
d'adultère ou de fornication avec une femme, mariée ou non, trouvée
dans une maison suspecte. Cette disposition, non approuvée en 1285,
était contraire au Code d'Alaric, mais considérée comme une des
immunités du citoyen de Toulouse par l'ancienne Coutume, plus
favorable à la liberté individuelle qu'aux mœurs des gens mariés (3).
Enfin, il était d'usage que, si un citoyen de Toulouse recélait scien-
ment un banni ou un homicide, il n'était point tenu, pour ce fait, de
la justice du roi (4) : coutume encore contraire au Code d'Alaric, et que
Philippe-le-Bel ne pouvait pas évidemment sanctionner (5).

Si pour beaucoup de choses, la police municipale à Toulouse était

(1) Casaveteri, fᵒ 64, art. 5, *de sententiis diffinitivis.*
(2) Casaveteri, fᵒ 64, art. 6, *de emptione et venditione.*
(3) *Lex rom. Visig.*, liv. IV, tit. 19, 1 ; Haënel, p. 204.
Casaveteri, fᵒ 67, art. 19, *de immunitate civium.*
Une charte des Consuls et de Raymond, de 1199, sévissait contre les gens de *mauvaise
vie*, mais n'était pas applicable aux faits particuliers mentionnés dans l'article réservé.
(4), Casaveteri, fᵒ 67, art. 20.
(5) *Lex rom. Visig.*, IX, 23 ; Haënel, p. 194, *de his qui reos recelarent.*

tolérante, elle voulait cependant être informée, et elle ouvrait une large porte aux dénonciations. La justice et la police étaient confondues au moyen-âge ; elles le furent en France, jusqu'au règne de Louis XIV; et à Toulouse les dénonciations que provoquait la police avaient libre carrière devant la justice. — Il y a, dans les coutumes approuvées, un titre *de denunciationibus* (1) ; il déclare, contrairement au droit romain (2), que le dénonciateur n'est point tenu, à raison de sa dénonciation, d'amende envers la justice, de restitution ou d'amende envers la personne dénoncée ; celle-ci ne peut avoir l'action *d'injure* contre le dénonciateur que s'il s'est obligé spécialement à prouver les faits dénoncés. — Mais, dans l'usage, il y avait de plus une récompense pour le dénonciateur, et cela dans le cas où la personne dénoncée avait été condamnée à la *confiscation des biens* envers le comte de Toulouse. C'est cette prime d'encouragement aux dénonciations les plus graves qui n'a pas été approuvée par la royauté en 1285. Le roi, qui devait plus tard opérer l'immense confiscation des biens des Templiers, comprenait, au début de son règne, avec un sens moral non encore obscurci par les passions politiques, qu'il ne fallait pas donner à l'esprit de cupidité cette tentation dangereuse d'avoir beaucoup à profiter de la gravité même des accusations.

Je passe maintenant aux coutumes réservées qui appartenaient à L'ORDRE FÉODAL.

II. Je trouve d'abord, dans cet ordre de choses, une notable exception à la Coutume générale de Toulouse, en matière de fief.

Nous avons reconnu, dans l'examen des Coutumes approuvées, que le feudataire était libre de vendre le fief; qu'il n'avait pas besoin du consentement du seigneur, et que celui-ci ne pouvait exercer le retrait féodal et censier; — que, seulement, il recevait la foi et hommage et le *pax* ou les lods et ventes.

Le 15e article *réservé* se rapporte aux divers droits féodaux qui peuvent accompagner soit la vente, soit la transmission du fief à titre de succession; et il y est dit que, si des *oblies* (ou redevances) en argent ont été stipulées, et si la quotité des droits à payer, en cas

---

(1) Casaveteri, f° 22, au verso, art. 2.

(2) Dig. *de inj.*, lex Cornelia, *si quis librum, alias libellum*, et L. *injuriar.*, § *si quis per injurias.*

de vente du *fief* ou de la *justice* et en cas de succession, n'a pas
été convenue, le droit est fixé pour la foi ou la justice à *quatre* deniers toulousains, et au *double* des oblies pour le droit d'*acapite* ou
de succession (1). Ici, la Coutume ne faisait que régler la quotité du
droit dans le silence des parties; mais, et là se trouve l'intérêt historique
de l'article réservé, une distinction est faite entre les fiefs *de chevaliers* et les fiefs *ordinaires* : le droit pour la justice des fiefs de chevalerie est plus fort, il est de *cinq* deniers toulousains ; et, en outre, la
disposition porte que si le fief de chevalier est vendu ou engagé, il
ne peut l'être que de l'ASSENTIMENT DU SEIGNEUR, *debet fieri de consilio domini.* — C'est un système tout différent de celui qui concernait les fiefs ordinaires dans les Coutumes approuvées : c'est le système du *Livre des fiefs* de Milan, des *Constitutions du royaume de
Sicile,* des *Assises de Jérusalem,* qui ne permettaient pas l'aliénation
des fiefs sans le consentement formel du seigneur; en d'autres termes,
Messieurs, c'est le système général de la *féodalité militaire* qui fait
son apparition dans les anciennes Coutumes de Toulouse, à côté de
la *féodalité civile* qui permettait la libre aliénation des fiefs.

Cette disposition relative seulement aux fiefs de chevaliers, c'est-
à-dire, aux fiefs vraiment *militaires,* se retrouve, du reste, dans le
droit féodal de plusieurs provinces de France, en Guienne, en Bretagne, en Normandie, où l'esprit guerrier du moyen-âge s'est le plus
longtemps maintenu. En Bretagne, au XIIe siècle, les fiefs de chevaliers sont, avec les fiefs de baronie, le principal objet des assises du
comte Geffroy, qui en régissaient l'*aliénation* et la *transmission*
par des règles spéciales. Il n'est pas étonnant qu'à Toulouse, d'où
était parti l'un des héros les plus célèbres de la première croisade,
RAYMOND DE SAINT-GILLES, avec de nobles compagnons d'armes, il
y ait eu des *fiefs de chevaliers;* et l'ancienne différence entre les fiefs
de chevaliers et les fiefs ordinaires était très nettement marquée dans
le 15e article des Coutumes réservées en 1285 : « *Tamen si dictum*
» *Feudum ab initio* PER MILITEM *vel filium militis datum fuerit,*
» *justitia dicti feudi debet esse de quinque solidis tholosanis, et si*
» *dictus honor venditur aut impignoratur,* dicta venditio seu impi-
» gnoritio *debet fieri de consilio domini* (2).

Cette ancienne exception en faveur des fiefs de chevaliers n'a pas

(1) L'*acapite,* dans le droit féodal du Midi, est le *relief* dans le droit du Nord.
(2) Casaveteri, f° 66, au verso.

reçu la sanction de Philippe-le-Bel. A la fin du XIII° siècle, les intérêts de la constitution militaire des fiefs avaient beaucoup faibli dans les provinces de France. On entrait dans une voie nouvelle : à la monarchie féodale fondée sur la suzeraineté allait succéder la monarchie fondée sur la souveraineté du roi et des Etats généraux ; aux principes vieillis de la féodalité militaire avait déjà succédé, dans la plupart des provinces du royaume, le principe de la féodalité civile : celle-ci était devenue le fond commun des Coutumes de France. Il n'y avait plus alors de motif suffisant, pour distinguer, sous le rapport de l'aliénation et de la propriété, les fiefs de chevaliers des autres fiefs : *cessante causa cessat et effectus.* Cet axiome de droit et de raison est aussi une loi historique ; et le roi l'avait appliquée en laissant les *fiefs de chevaliers* dans le droit commun des fiefs.

Je me suis un peu étendu sur cette disposition, Messieurs, mais elle m'a paru se rapporter à un des points les plus curieux du droit féodal; car plus on étudie la féodalité en France et en Europe, plus on s'aperçoit que la clef des problèmes historiques et des grandes difficultés est dans la distinction entre la féodalité militaire et la féodalité politique ou civile. Pour moi, c'est le rayon qui m'a permis de pénétrer et de me retrouver dans la nuit du Droit au moyen-âge.

Le rejet des autres dispositions, qui concernaient dans les Coutumes réservées les seigneurs ou les droits féodaux, s'explique par l'intention de la royauté d'affaiblir, de plus en plus, le principe féodal et de tendre vers l'unité du droit.

« Si un citoyen de Toulouse, avec sa femme ou séparément (disait le » 13° article) ; de même, si une femme sans son mari a reçu gratuitement une *terre féodale,* et que l'un d'eux meure sans testament » et sans enfants ou parents successibles, et qu'il n'ait pas fait de donation ou de pacte relatif à sa propriété, la part du défunt dans le » *fief* doit retourner, *dettes payées,* et être dévolue au seigneur ; et » si la terre est *libre* (ou alleu), elle est dévolue de la même manière au » roi. (1) » C'était le droit de *retour* ou de *déshérence* partagé entre le seigneur féodal et le roi, seigneur suzerain : ce partage ne devait pas plaire au roi ; il était d'ailleurs contraire au droit commun de la France, d'après lequel le droit de *déshérence* des fiefs était un attribut de la haute justice ; or, la haute justice du comte de Toulouse, dont

(1) Casaveteri, f° 65, au verso, *de feudis,* § 2.

les anciennes coutumes avaient méconnu les droits, était réunie à la Couronne, et la Couronne devait en ressaisir les prérogatives.

La seigneurie locale était habile quelquefois à faire ainsi prévaloir ses priviléges sur les droits du seigneur suzerain ; et spécialement, les droits du comte de Toulouse ou de son viguier n'avaient pas toujours été protégés efficacement par la coutume ; en voici la preuve encore dans la disposition réservée, qui concernait *l'exécution des jugements*. Je traduis : « Si quelque citoyen de Toulouse a été condamné » par les Consuls, par *le Viguier* ou par un autre juge, à payer quel- » que somme d'argent à un autre citoyen de Toulouse, et que celui, » au profit duquel existe la condamnation, *ait été mis en posses-* » *sion* par les dits Consuls, par le *Viguier* ou autre juge d'une terre » tenue par le débiteur à *titre de fief;* et cela *sans* le *consentement* » du seigneur direct, mais que *postérieurement* le débiteur condamné » *ait vendu la terre* avec *le consentement du seigneur et ait mis* » *l'acquéreur en possession*, cet acquéreur est préféré dans *sa pos-* » *session et propriété du dit fief*, et une telle possession de l'acqué- » reur prévaut sur les droits de celui qui a été *envoyé en possession* » par les consuls, par le viguier ou autre juge (1). » Et ainsi, Messieurs, il y a deux possessions : l'une, par justice comtale ou consulaire en exécution d'une sentence; l'autre, par vente de mauvaise foi mais avec la garantie du *consentement seigneurial*; et c'est la seconde qui prévaut! C'est donc la seigneurie locale qui l'emporte sur la justice de la Cour du comte et de la cité, dans une coutume cependant qui admet le principe que l'aliénation du fief ordinaire n'a pas besoin de l'assentiment du seigneur. — Ou c'était un usage en contradiction avec la coutume générale de Toulouse; ou la disposition se rapportait primitivement aux *fiefs de chevaliers*, comme le fait présumer l'expression d'*honor* qui pouvait, dans un sens restreint, s'appliquer au *fief d'honneur*, au fief de chevalerie : dans tous les cas, le Roi devait refuser son approbation à une coutume qui faisait prévaloir la volonté du seigneur local sur l'exécution des jugements, car c'était par le respect de la justice surtout que la royauté développait son action civilisatrice et s'assurait l'affection des peuples.

Vous savez, Messieurs, que les seigneurs et les clercs n'ont pas

---

(1) Casaveteri, f° 65, au verso, *de feudis*, § 1.

toujours vécu en parfaite harmonie, et que quelquefois les seigneurs, ligués pour défendre leurs intérêts matériels contre l'influence de l'église ou des ordres religieux, laissaient tomber d'assez dures paroles sur ces *fils de serfs et de vilains* (filii servorum) qui devenaient si puissants dans leurs justices, comme le dit le manifeste des Barons en 1247 (1). Eh bien, je trouve dans les Coutumes réservées un exemple très frappant de cette lutte d'intérêts et de classes, au sujet des donations ou acquisitions de fiefs : les droits absolus des seigneurs y sont mis en opposition, d'une manière saillante, avec l'incapacité des maisons religieuses d'acquérir à titre gratuit ou onéreux, et de posséder définitivement, à titre de propriétaire, des terres féodales.

Voici l'ancienne Coutume :

« Si une donation, un legs, une aliénation est faite par testament,
» par donation à cause de mort ou par un autre acte, de *quelque fief*
» ou *terre tenue féodalement*, en faveur d'une maison ou d'une
» personne d'ordre religieux, hospitalier, monastique ou d'un autre
» établissement qui en dépende, le donataire, légataire ou acquéreur
» est tenu, d'après la Coutume de Toulouse, *de vendre*, à la réquisi-
» tion du seigneur direct, le dit fief à une personne ou à des person-
» nes laïques, *après l'an et jour*, à compter du moment où il a com-
» mencé de le posséder, et le seigneur doit percevoir, à raison de cette
» vente même, ses droits de lods et ventes (*suos pax*). Si cependant
» l'Etablissement religieux, auquel la terre a été donnée, léguée ou
» aliénée, veut la retenir par devers lui, alors il doit donner et payer
» au seigneur de la terre ou du fief *des droits proportionnels* à la
» valeur du dit fief ; de plus, il doit constituer et assigner au sei-
» gneur de ce même fief, par acte public, une *personne laïque* pour
» *feudataire*, laquelle soldera et sera tenue et obligée de solder pen-
» dant toute sa vie les *oblies* et les autres droits seigneuriaux ; et
» comme, après sa mort, le fief faisant réversion au seigneur et étant
» de suite vendu à une autre personne laïque produirait encore au
» seigneur des droits de lods et ventes, si l'Etablissement religieux
» aime mieux retenir à lui le fief ou la terre féodale, alors il donnera
» et paiera les droits au dit seigneur, proportionnellement à la valeur
» du fonds, et de nouveau il assignera, par acte public, une personne
» laïque pour feudataire, et cette personne paiera et s'obligera de

(1) Déclaration de l'an 1247, MATHIEU PARIS, Hist. Angl. major, t. 2, p. 720, édition de Louvain ; — et HEVIN sur FRAIN, p. 71.

» payer les *oblies*, les droits de *relief* ou de succession (*retroacca-*
» *pita*) et les autres droits seigneuriaux (*alias dominationes*) pendant
» toute la durée de sa vie; et après sa mort, même *droit de réversion*
» au seigneur du fief, et mêmes procédés et formes seront suivis et
» observés *perpétuellement* (*in perpetuum*), jusqu'à ce que le dit fief
» ou fonds soit aliéné définitivement par ceux auxquels il a été donné,
» légué, vendu ou par leurs successeurs, et la vente approuvée par le
» seigneur (1). »

Je n'ai trouvé dans aucun monument du moyen-âge la situation
aussi bien caractérisée, la suprématie du droit seigneurial si opiniâtré-
ment soutenue contre l'incapacité radicale des Établissements de main
morte de recevoir ou d'acquérir des fiefs. Rien ne peut mieux que ce
circuit perpétuel de ventes, de reventes, de successions fictives, de
droits payés et sans cesse renaissants faire comprendre avec quelle
reconnaissance les monastères et les églises ont dû accueillir le *droit
d'amortissement*, dont l'institution est attribuée à saint Louis, et qui
constituait, près de l'Établissement religieux, une *seule personne* dite
vivante et mourante, au décès de laquelle le droit d'amortissement
étant payé, tant au seigneur direct qu'au roi seigneur suzerain, la propriété se trouvait définitivement acquise à l'établissement donataire
et devenait propriété de *main morte*. L'institution de saint Louis était
autrement généreuse que celle des constitutions impériales de Frédéric II, en Sicile, de l'an 1231, qui ordonnaient la vente définitive
dans l'an et jour, et, à défaut de vente, confisquaient le fief au profit
de l'empereur (2); elle était autrement favorable à l'église aussi que
l'ancienne coutume de Toulouse, qui frappait les personnes religieuses
d'une incapacité absolue ou qui leur imposait la représentation perpétuelle et onéreuse de personnes laïques, devant se succéder indéfi-
niment. — Le petit-fils de saint Louis, en refusant d'approuver cette
nécessité de représentation fiscale et perpétuelle et cette incapacité

(1) Casaveteri, *de feudis*, fᵒ 66, I.

(2) *Historia diplomatica Friderici secundi*, Recueil publié sous les auspices de
M. le duc de Luynes (1854), tome IV. Voir à la suite de l'ancien recueil :
Novæ Constitutiones regni Siciliæ, lib. III, tit. 29, de rebus stabilibus non alie-
nandis ecclesiis, p. 227 :
« Teneatur *infra annum* alicui de proximis defuncti vel de burgensibus nostris
» relicta stabilia vendere ; at si *ultra annum* facere prædicta distulerit, possessiones
» ipsas *post anni lapsum Fisci nostri juribus* volumus applicari. »

radicale d'acquérir des fiefs, continuait la protection de son aïeul, en faveur de l'église et de son domaine territorial.

J'arrive, en dernier lieu, à l'ORDRE CIVIL.

III. Dans les Coutumes non approuvées se trouvent, comme nous l'avons dit précédemment : 1° l'ancien usage gallo-romain de se vouer avec sa famille, pour le présent et l'avenir, à une servitude personnelle et réelle; 2° le droit absolu d'asile et d'affranchissement en faveur des serfs étrangers qui se réfugiaient à Toulouse. La première disposition, que Philippe-le-Bel laissait à l'écart, devait être à peu près effacée des mœurs à cette époque du moyen-âge ; elle formait un droit suranné qui ne pouvait revivre, et que Salvien, dès le V⁰ siècle, avait dénoncé comme un résultat du malheur des temps, contraire aux principes du christianisme. La seconde, qui était conforme à l'inspiration chrétienne et favorable à l'affranchissement des personnes, persista dans les mœurs et fut toujours, ainsi que nous l'avons démontré, revendiquée et énergiquement soutenue comme un privilége de la Cité. C'est tout ce que contiennent, dans l'ordre purement civil, les Coutumes réservées sur l'état des personnes : les autres dispositions sont relatives aux obligations et aux successions; mais, au sujet des successions et testaments, nous trouverons des indications précieuses sur la liberté de la femme toulousaine.

Voyons d'abord ce qui concerne les obligations.

Il existait, dans les anciennes Coutumes de Toulouse, un droit appelé *Poderagium* : c'était un privilége réel accordé sur les biens féodaux ou allodiaux à celui des créanciers qui s'était pourvu en temps utile par *bannie* ou *saisine publique*, devant le seigneurr, s'il s'agissait de fief ou de censive, — devant le viguier, s'il s'agissait d'alleux.

Les Coutumes approuvées ont un titre *de poderagiis et bannis*, que Soulatges, par une singulière inexactitude, a complètement omis, mais que rapporte Casaveteri (1). Le *poderagium* donnait préférence

---

(1) Sur le *Poderagium*, voir Casaveteri, f° 28, au verso B, *de debitis*, n° V, — f° 41 au verso, *de Poderagiis et Bannis*. — f° 64, addit., art. 6 et 7.

La très ancienne Coutume de Bretagne a un titre des *Bannies* et *appropriances*, qui a quelques rapports avec le titre *de Bannis*, des Coutumes de Toulouse.

On peut voir aussi François-François, Coutumes de Toulouse, VI, p. 519.

sur les créanciers antérieurs, dont les titres étaient cependant reconnus; il dérogeait formellement à la règle du Droit romain, *prior tempore potior jure* : le *poderagium*, par bannie du seigneur ou du viguier, attribuait donc à des créanciers privilégiés priorité ou *prépondérance*, selon le sens éthymologique, *poderagium a pondere*, donné par les docteurs du moyen-âge (1).

Il résulte des articles réservés que, dans l'intérêt de la femme et pour la conservation de sa dot, le viguier de Toulouse (défenseur des faibles) pouvait accorder le *poderagium* sur les biens du tenancier d'un seigneur ; mais ce *poderagium* ne venait qu'après le privilége que le seigneur avait concédé à des créanciers sur un fief relevant de lui, ou que lui-même avait réservé à son profit sur le bien du feudataire, devenu son débiteur (2). Le *poderagium* émané du viguier, en faveur de la femme, ne pouvait jamais l'emporter sur le *poderagium* émané du seigneur. C'est ce privilége seigneurial, excessif et contraire aux intérêts de la femme mariée, qui ne reçut point la sanction royale. La femme obtint donc une garantie plus réelle; le *poderagium*, délivré par le viguier, conserva les droits de la femme à raison de sa dot, et il eut un effet rétroactif au jour du mariage : vue d'équitable protection qui a prévalu dans notre Droit moderne.

Le texte des anciennes Coutumes établit que le *poderagium*, de même que l'hypothèque romaine, pacte prétorien, pouvait porter sur les *meubles* comme sur les *immeubles;* et il avait cette autre analogie avec le pacte prétorien d'hypothèque, qu'il créait comme lui un *droit réel* sans tradition, sans dessaisissement du meuble ou de l'immeuble. Peut-être le pouvoir de créer un droit réel sans tradition (idée contraire, d'ailleurs, aux principes généraux de la jurisprudence romaine), a-t-il été attribué au viguier et au seigneur qui avaient pouvoir public, par une dérivation du pacte prétorien, qui conférait un droit réel parce qu'il émanait du pouvoir ou de la juridiction du préteur : ce qui est certain, c'est que le *poderagium* sur les meubles et les immeubles, malgré des différences notables dans son mode d'établissement et ses effets, avait beaucoup plus de rapport avec l'hypothèque prétorienne, qu'avec le *pignus* ou contrat civil de gage, puisque le gage propre-

---

(1) FRANÇOIS, p. 553, semble vouloir traduire *poderagium* par *potiorité* : le français n'est pas moins étrange que le latin. —*Poderagium a pondere*, dit Casaveteri, f° 28, d'après Bartole.

(2) Casavateri, f° 61, *de poderag. et bannis* (art. 6.)

ment dit était un contrat réel, parfait seulement par la tradition de la chose, et que la tradition n'était exigée ni dans la *formule* hypothécaire du Droit prétorien, ni dans le *poderagium* de Toulouse. — Or, avant 1285 (ainsi que l'attestent les articles réservés), il était d'usage général à Toulouse que le *poderagium* donné par le seigneur local, soit sur les immeubles, soit même sur les meubles, devait toujours prévaloir sur celui donné *auparavant* par le viguier (1) : on comprend que le Roi ne pouvait pas approuver cette infériorité de la bannie du viguier de Toulouse, devenu le sien ; et la règle romaine et rationnelle, *qui prior est tempore potior est jure*, a passé, à cet égard, dans la jurisprudence du pays.

Enfin, le roi n'approuve pas l'usage d'après lequel le *poderagium* donné par le viguier, sur les biens meubles ou immeubles, à un étranger et à un citoyen successivement, ne pouvait être suivi de paiement ou de vente en faveur de l'étranger, que si le viguier avait d'abord exigé des fidéjusseurs pour répondre de la créance du citoyen (2). Ce privilége *personnel* du citoyen de Toulouse, ajouté au privilége *réel* naissant du *poderagium*, était contraire à la sûreté des obligations contractées envers les personnes étrangères, et avec l'esprit général de la Coutume de Toulouse, favorable aux rapports avec les étrangers : la non approbation du roi était donc également conforme à l'esprit de la coutume et à l'équité.

Le viguier, comme nous l'avons dit, Messieurs, était le défenseur né des intérêts de la femme ; c'était une de ses prérogatives. Les anciennes Coutumes, dans le cas où le mari avait encouru par jugement la confiscation de biens, donnaient au viguier la belle attribution de protéger la dot, les biens de la femme, et de lui assurer des moyens d'existence. Après la condamnation, le viguier recueillait l'universalité des biens du mari condamné et de son épouse. Pendant la vie du mari, il assignait à la femme, sur l'ensemble des biens, les revenus convenables à ses besoins, d'après l'avis et la déclaration des consuls (*secundum cognitionem consulum*) ; à la mort du mari, il restituait à la femme la dot et ses autres biens ; mais s'il y *avait insuffisance* pour ses besoins, il n'ajoutait rien pour subvenir aux né-

---

(1) Casaveteri, *de poderag. et bannis* (tit. 6), art. 1, f° 64 (recto).
(2) Id. f° 64, au verso, art. 3.

cessités de la veuve. Telle était l'ancienne coutume de Toulouse, qui plaçait à côté de la protection une limite rigoureuse. Elle fut désapprouvée par le Roi, non sans doute à cause de son esprit de protection et de défense, mais soit à raison de l'*intervention des consuls* dans la détermination des besoins de la femme, soit à cause de la rigueur même de la décision contre la veuve, dans le cas où ses biens personnels étaient insuffisants pour elle et ses enfants(1). L'humanité du roi de France a voulu se réserver la faculté de concilier les rigueurs de la confiscation des biens avec la situation de la veuve et de sa famille : c'était une branche du *droit de grâce* qui a toujours été considéré par nos rois comme un des plus beaux attributs de la Couronne.

Il me reste à vous parler, Messieurs, du droit de la femme, relativement à la disposition de ses biens, et de l'effet général des testaments ou de l'institution d'héritier (art. 9, 10, 11).

Les Coutumes non approuvées contiennent sur les testaments un droit extraordinaire, et dont il est difficile de se rendre compte à l'égard de la femme.

« L'usage et la coutume de Toulouse sont, dit l'art. 9 *de testamen-*
» *tis*, que la femme n'est pas tenue dans son testament ou son acte
» de dernière volonté d'*instituer héritiers* ses fils ou filles, ou quel-
» ques-uns d'eux ; elle peut même, si elle le veut, *ne rien léguer à*
» *aucun de ses enfants.* »

D'où peut venir une disposition si étrange et si contraire, en apparence, au sentiment naturel de la mère ?

Dans les anciennes Coutumes de Toulouse, la femme a une grande liberté. Fille mariée et dotée par son père, elle est *émancipée* de la puissance paternelle ; veuve, elle peut faire de sa dot ce qu'il lui plaît, et la donner à un second mari ; elle peut librement tester du vivant de son père : c'est le droit reconnu par les Coutumes approuvées. Mais jusqu'à l'année 1285, cette liberté paraissait, en outre, s'étendre jusqu'au droit de manquer à ses devoirs de mère de famille, de donner par testament ou sans testament tous ses biens à des étrangers, de déshériter ainsi ses enfants, *sans cause* et *tacitement*, droit aussi absolu que celui du citoyen romain dans les premiers temps de la Loi

_____

(1) Casaveteri, f° 64, au verso, tit. 8, *de necessariis uxorum et viduarum.*

des XII Tables. En cherchant l'interprétation la plus favorable, je dirai que, sans doute, la très-ancienne Coutume de Toulouse ne reconnaissait à la femme ce droit illimité, que parce qu'elle présumait que la mère de famille ne saurait en abuser. La piété maternelle lui paraissait un obstacle suffisant contre les dangers de la liberté illimitée de donner ou de tester; et cette confiance que la Loi des XII Tables accordait au citoyen qui testait dans les comices, la Coutume de Toulouse l'accordait à la mère de famille placée au foyer domestique auprès de son père ou de son époux. La Coutume supposait généreusement que, livrée à l'inspiration de son cœur ou à l'influence des conseils de son époux ou de ses parents, elle ne ferait qu'un partage équitable ou une sage disposition de ses biens. — Mais ce sont là, Messieurs, des coutumes *primitives* qui ne font pas suffisamment la part des passions humaines : aussi le Droit civil de Rome avait dû, même sous la République, opposer une barrière à la volonté absolue du père de famille, en exigeant d'abord l'exhérédation *expresse*, en infirmant ensuite l'exhérédation expresse par la plainte d'*inofficiosité* (1). Au moyen-âge, à la fin du XIIIᵉ siècle, il devait paraître prudent de ne pas laisser à la mère de famille une liberté absolue; et la non-approbation de la Coutume par le roi de France, en 1285, était une barrière posée par la raison et le droit, barrière tardive sans doute, mais qui indiquait un devoir pour l'avenir.

Le père de famille, dans les anciennes Coutumes de Toulouse, n'avait pas la même liberté que la mère. Voici ce que portent à cet égard les Coutumes réservées : « Tout homme doit *instituer héritiers* » son fils ou sa fille dans son testament, ou il doit leur donner quel- » que chose par le dit testament, savoir : *cinq sous* toulousains ou » plus ; autrement son testament n'est pas valable contre son fils ou » sa fille, à moins que le fils n'ait été émancipé par donation pour » cause de mariage, ou la fille mariée et dotée par son père (2).
» Mais si le père a laissé à son fils ou à sa fille non-mariée *cinq* » *sous* toulousains, ou leur valeur, ou cent sous ou mille sous; et qu'il

(1) *Cic. de orat.*, 1, 38.
Cic. in Verrem, 1, 42.
Mon tom. Iᵉʳ, p. 245 et suiv.
(2) Casaveteri, fº 65, au verso.
De heredibus instituendis, art. 11.

» plaise au testateur, par droit d'institution ou d'apportionnement
» (*jure institutionis vel apparciamenti*), d'instituer une personne
« étrangère ou non étrangère dans ses autres biens, la fille ou le fils
» ne peut venir contre le testament du père, à *raison de sa légitime*
» *portion*, et ne peut contester en rien, ni avoir recours sur les biens
» paternels, à moins que le père n'eût ailleurs d'autres biens et qu'il
» n'eût précédemment laissé ces autres biens à ses enfants » (1).

On voit dans ces dispositions trois choses importantes :

1° que le père de famille, à Toulouse, ne pouvait point passer ses
enfants sous silence, comme c'était permis au citoyen romain dans les
premiers temps de la Loi des XII Tables, et à la femme toulousaine
dans les anciennes coutumes ;

2° Qu'il devait les instituer héritiers, ou leur faire le legs de *cinq
sols*, pour attester du moins, selon le principe de l'*exhérédation expresse*
de la seconde époque romaine, qu'il avait *pensé à ses enfants*, mais que
sa volonté dernière était de les priver réellement de sa succession : le legs
de *cinq sols* était la forme de l'exhérédation expresse, employée dans l'ancien usage de Toulouse ;

3° Que la Coutume, dans ses analogies avec la jurisprudence romaine,
s'arrêtait à ce point où la puissance paternelle se manifestait par l'exhérédation *expresse*, et qu'elle n'admettait ni la *plainte d'inofficiosité*, par
suite de laquelle le tribunal des Centumvirs, à Rome, brisait le testament
injuste qui avait, contre le devoir de la piété paternelle, déshérité un
fils qui ne l'avait pas mérité (2); ni l'action *en supplément de légitime*,
admise par le Droit prétorien et le Droit de Justinien, et qui a pris,
depuis l'École des glossateurs, une si grande place dans la jurisprudence
des pays de Droit écrit.

C'est donc, Messieurs, le vieux droit civil de Rome, et le plus rigou-
reux, le plus conforme à l'absolu de la puissance paternelle, qui figurait
ou qui avait des dispositions analogues dans les anciennes coutumes de
Toulouse, sur le droit d'exhérédation des enfants. — Mais au milieu de
ces analogies se produisait cette différence essentielle : c'est que la
mère de famille, dans l'exercice de ce pouvoir, avait plus de liberté,
plus de pouvoir encore que le père; c'est que la mère de famille *alieni
juris*, privée du droit de tester, incapable, et, pour ainsi dire,

---

(1) Casaveteri, f° 65, au recto, *de testamentis*, art. 10.

(2) La formule était : PARUM SANÆ MENTIS FUISSE TESTATOREM, CUM TESTAMENTUM
ORDINARET, QUOD IMMERENTEM CONTRA OFFICIUM PIETATIS EXHEREDASSET. — Brisson, *de
Formulis*, lib. V, form. 37 ; mon tome 1er, p. 248.

annihilée dans les mœurs de l'ancienne Rome, était dans les mœurs toulousaines, *sui juris*, capable de tester et investie du droit d'exhé-rédation, même tacite ! — Là, certainement, Messieurs, on ne trouve pas une tradition, une origine romaine ! C'est, au contraire, le trait caractéristique d'une autre origine, d'une autre nationalité. Je ne voudrais point passer pour un monomane des *origines celtiques* : mais je ne puis cependant oublier, à ce propos, que les anciens Gaulois qui, après tout, forment une couche étendue et profonde dans notre géologie morale et coutumière, avaient dans leurs femmes une confiance extrême. On sait, Plutarque nous l'apprend, que lorsque un grand capitaine traversa le Midi des Gaules pour ce premier et prodigieux passage des Alpes, il fut convenu, dans le traité fait avec les naturels du pays, que si les Carthaginois avaient à se plaindre des habitants, les sujets de plainte *seraient jugés par les femmes gauloises* (1); on sait aussi qu'à l'époque moins reculée où les Gallo-Romains aspiraient à ressaisir leur indépendance nationale, la cause de l'indépendance gallique était représentée par une femme inspirée. N'allons donc pas toujours chercher au-dehors des origines qui peuvent tenir à la vieille souche du pays et de ses premiers habitants. La puissance du père de famille était un trait commun entre les Romains et les Gaulois ; la liberté de la femme, la puissance de la mère de famille était un trait de mœurs étranger à la femme romaine des anciens temps, et propre à la femme de certaines tribus gauloises. Les anciennes Coutumes de Toulouse peuvent donc avoir conservé, au moyen-âge, et transmis, avec la liberté illimitée de la mère de famille, une tradition antique du sol natal.

Or, ces caractères de Coutumes *primitives et indépendantes*, je ne les trouve pas seulement dans le droit de la femme, mais aussi dans le droit des fils à l'égard de leurs père et mère : « Quiconque n'a pas » d'*enfants* (dit l'art. 10 des Coutumes réservées) peut, par testament, » léguer tous ses biens libres *(bona sua non conditionata)* à qui il lui » plaît, sans institution d'héritier, et un tel testament obtient toute sa » force et valeur (2). »

Et ainsi, Messieurs, cette grande loi romaine, conforme au respect envers les parents et si profondément sociale, qui ne permet pas que le fils oublie son père dans son testament, et qui donnait au père le droit de revenir, par *plainte d'inofficiosité*, contre le testament opposé à la piété filiale, même contre le testament militaire, *jure peculii*, n'avait

(1) Voir mon tome II, p. 75.
(2) Casaveterif, fᵒ 65 (au recto), *de testamentis*, § 2 art. 10.

laissé aucune empreinte dans les anciennes coutumes de Toulouse. De même, la *plainte d'inofficiosité*, que le droit prétorien et les constitutions impériales avaient transportée de Rome dans les provinces, en faveur des frères dépouillés par des personnes de vile condition, était restée étrangère aux coutumes toulousaines. Cet oubli du père et des frères, ou cet abandon de la loi du sang, qui était sacrifiée à la libre volonté des fils, à l'injustice, à l'emportement des passions du frère, révèle les anciennes traditions, l'indépendance native des *Tectosages*, la plus indépendante, peut-être, et la plus fougueuse des tribus gauloises. — Certes, le pouvoir royal, favorable en France à la constitution forte de la famille, à la conservation des patrimoines et à leur transmission héréditaire, ne pouvait pas approuver, à la fin du XIIIᵉ siècle, cet arbitraire de la volonté humaine qui se mettait au-dessus des devoirs de la famille.

Telles sont, Messieurs, dans leur ensemble, les Coutumes *non approuvées* par le roi. Vous voyez combien elles sont précieuses pour faire connaître tous les caractères du Droit toulousain au moyen-âge, et pour indiquer en même temps dans quel esprit les rois de France abordaient la réforme des Coutumes locales.

Philippe-Auguste et saint Louis avaient commencé un grand travail de réforme et de civilisation, par l'enseignement du Droit romain dans les Écoles, par la propagation des textes de Bologne, la traduction en langue vulgaire du Code et des Institutes de Justinien, l'introduction progressive de leurs principes dans les usages du pays. Philippe-le-Bel qui, plus tard, apportera un concours si énergique aux vues de ses ancêtres, en rendant sédentaires les parlements de Paris et de Toulouse, a marqué, dès la première année de son règne, le but de ses réformes, en faisant un choix, un triage habile dans les anciennes Coutumes de la plus importante cité du Midi. — Le choix des dispositions *confirmées* laissait intactes dans le respect des peuples la plupart des Coutumes du pays ; les conseillers du roi avaient montré même trop de condescendance pour des pratiques abusives, et l'*arrestum* SANE fut un prompt remède à l'approbation inconsidérée des dispositions sur les tutelles et curatelles. — Le rejet de certaines dispositions, non approuvées sous la formule *non placet*, *deliberabimus*, laissait à l'écart d'anciens usages qui avaient eu leur raison d'être, leur principe de vie, mais qui se trouvaient opposés aux vrais intérêts de la cité, de la propriété, de la famille, dans leur rapport avec le progrès de l'État et de la société civile. L'improbation du roi avait frappé juste ; car les dispositions non approuvées disparurent de la jurisprudence municipale, féodale et civile de Toulouse : une seule survécut dans les mœurs, celle sur l'affranchissement absolu des serfs étrangers, dont le pied avait touché le sol toulousain : et celle-là mit en relief la noble constance des Consuls et du Parlement à défendre les priviléges du pays.

Ces articles réservés (dont nous vous avons exactement rendu compte) forment l'appendice nécessaire et instructif des Coutumes approuvées ; ils caractérisent fortement, jusqu'en 1285, les anciennes Coutumes de Toulouse, qui recèlent, dans leur ensemble, tant d'éléments mixtes et traditionnels de vieux droit romain et de mœurs galliques, de franchises municipales et de condition servile, de justice consulaire et de droit féodal, de liberté abusive et de vraie liberté. Après l'exposition, trop développée peut-être, des Coutumes approuvées et vivaces, les articles réservés et vieillis m'ont paru dignes d'une étude spéciale; et, en remerciant l'Académie de son attention persévérante, je voudrais laisser dans son esprit la conviction, qui est mon excuse, que les *Coutumes non approuvées* présentent à la fois un des côtés les plus curieux du Droit au moyen-âge, et un caractère expressif de la nature de l'intervention royale qui a commencé, avec le XIIIe siècle, à porter la réforme dans les Coutumes de France.